QUIET IMPACT

内向型人間のための人生戦略大全

シルビア・レーケン
Dr. Sylvia Löhken

岡本朋子＝訳

LEISE MENSCHEN-STARKE WIRKUNG
by Sylvia Löhken
Copyright © 2012 GABAL Verlag GmbH, Offenbach
Japanese translation published by arrangement with
GABAL Verlag GmbH through The English Agency (Japan) Ltd.

『……世界は１つしかないけれど、それでも俺たちは
　みんな別々の世界に生きているんだ』

（ロックバンド、ダイアー・ストレイツの曲『ブラザーズ・イン・アーム』より）

本書によせて

　こんなユニークな本はあまり見たことがありません。2人に1人が当てはまるのに日陰者として扱われることの多い「内向型人間」という少数派の人々がテーマだからです。

　私は、ジャーマン・スピーカーズ・アソシエーションが主催したある会議でシルビア・レーケンと知り合いました。参加者全員が当たり前のように「大きな声で」自分の意見を主張し合う会議でした。3日間にわたる白熱した議論が終わり、会場を出ようとしたそのとき、彼女と出会ったのです。私は疲れ切っていました。議論の熱狂ぶりと「外向型人間」の気迫に圧倒されてしまったからです。私のエネルギーは尽きかけていました。そんな私の様子を見てとったシルビアは、二、三言、声をかけてくれました。そのたった二、三言が私に、「外向型人間」が幅を利かせている自己中心的な世界に違和感を抱いているのは私だけじゃない、という確信をくれました。

　コミュニケーションについて書かれた専門書は（特にアメリカの書籍を中心に）、人生の勝ち組に属し、自分の意見を常に主張する「外向型人間」、シルビア・レーケンの言葉を使うなら「饒舌で、どんなときも自分を押しとおす自己ＰＲの達人」に向けて書かれたものがほとんどです。そういった専門書は、シルビアのような「内向型」のコミュニケーションコーチにはほとんど役に立ちません。まるでタカがアヒルから泳ぎを教わるようなもので、参考にはならないのです。ですが、タカはアヒルがいる池を離れて空の世界に戻れば王者になることができます。自分の「強み」を活かす、つまり、

「羽ばたくこと」ができるからです。人の話を聞くことの大切さを延々と説いた本など「内向型人間」には必要ありません。「内向型人間」はそんな本など読まなくても、人の話をよく聞くことができます。

「内向型人間」は本書を大いに活用できるでしょう。「内向型人間」特有の強みとその活かし方が解説されています。「内向型人間」はたとえば交渉の場で発揮できるすばらしい能力をもっています。ですが彼らの多くは、自分の能力をいつ、どう利用すべきかを知りません。「外向型人間」が多く参加するミーティングでどう振る舞えばいいか？　会議でどうすれば本領を発揮できるのか？　これは特に上司が知っておくべきことです。なぜなら会議で「内向型」と「外向型」、両方の社員が意見を出し合えば最善の結果を出すことができるからです。こういったことを知らない人が実に多いのです。

本書は「内向型人間」のためだけに書かれたものではありません。「内向型人間」の同僚、パートナー、父親、母親、上司などに関わるすべての人のために書かれたものです。「内向型」のパートナーとどう付き合っていけばいいか？　なぜ、彼（彼女）は「外向型人間」とは違う考えをもち、違う行動をし、ゆっくりと考える時間を必要とし、長話を避け、ひとりでいる時間を欲しがるのか？　本書を読んでいただければ、これらの問いに対する答えが明らかになります。

本書はドイツでベストセラーになりました。これは「内向型人間」についての本が今求められている証拠でしょう。

Dr. フルール・サクラ・ヴェス
日本学者、ダイシン禅メディテーションセンター・ウィーン館長
スピーチ専門コーチ、作家

はじめに
誰の心の中にも必ずある２つの世界

　私はシルビア・レーケン。「内向型」のコミュニケーションコーチです。こんなふうに自分のことを紹介するのはおかしいかもしれません。「内向型」という言葉を聞いただけで、家に引きこもって、宅配ピザをむさぼりながらキーボードを叩きつづけるネット中毒者を想像する人もいるでしょうから。でもネット中毒は「内向型人間」、いわゆる「静かな人」の１つのステレオタイプに過ぎません。一言で「内向型人間」と言ってもいろいろなタイプがあるのです。たとえば私は、人と関わることが大好きなので、コミュニケーションコーチとして働いています。ところが、忙しくすごした日の翌日は、エネルギーを充電するためにひとりの時間が必要になります。仕事が嫌いだからではありません。私はただ「外向型人間」の他の同僚とは違い、いろいろなコーチやセミナー参加者や講演会の聴衆と関わる刺激的な自分の仕事をエネルギーの源とすることができないだけです。では、なぜこの私が「内向型人間」をテーマにコミュニケーションのノウハウを説く本を執筆しようと考えたのでしょうか？

　コミュニケーションコーチは、トレーニングの方法を開拓するために自分自身もコミュニケーショントレーニングを受けつづけなければなりません。ところが、私はいつしかこのトレーニングに嫌気がさしてしまいました。トレーニングの内容が気に食わなかったわけではありません。コミュニケーションについて学ぶことは、どんな内容のものであれ、私が一番興味をもつことです。私が嫌だったのは、私を指導するトレーナー、つまり、同僚たちの行動です。彼

らはおしゃべりな上に、ただ格好をつけているだけのように見えました。ですが、こう感じるのはおそらく自分に問題があるからだ、ということに私自身気づいていました。それで具体的に同僚の何が私を不快な気持ちにさせるのかを考えてみたのです（内向型人間は考えるのが好きで、常に考えごとをしています）。そして気づいたのは、「指導する人は指導される人より優れている、指導される人は指導する人より劣っている、なんてことはない。私が嫌な気分になるのは同僚が求めるものと私が求めるものが一致しないからだ」ということでした。トレーナーの多くは「自分が一番」、「自分こそがボス」というところを見せようとします。私はそれを押しつけがましい、と感じました。「もっと大げさに振る舞って！」、「もっと激しい口調で！」、「もっと熱弁して！」と注意されるたびに「私はあなたたちとは違う」という違和感を覚えたのです。

　私は同僚の助言を素直に受け入れることができませんでした。大げさに振る舞ったり、激しい口調で説得したり、熱弁したりなどというのは私のスタイルではありません。私は私なりのやり方でクライアントと接し、それで問題になったことは一度もありませんでした。それどころか、「内向型（もの静かで謙虚、他人に協力的で感情をあまり表に出さない）」のクライアントやセミナー参加者たちは私のやり方を気に入ってくれていました。私も思慮深く理知的な彼らのことが好きでした。そんな私に、（かなり外向型の）トレーナーは「あなたはもの静かな人がお好きなのね」と皮肉を言いました。ですがこれはある意味当たっていました。私は自分と同じ「内向型」の人間と深く関わるのが得意でした。そこで、気づいたのです。私と私のクライアントには、「内向型人間」の要求と長所を考慮した新しいトレーニングが必要だということを。
　こうして私は「内向型人間」に特化したコミュニケーション法を

１冊の本にまとめ、セミナーや講演を通してその方法を世に広めたいと考えるようになりました。人間は自己と向き合ってはじめて、他人とうまくコミュニケーションできる、というのが私の持論です。つまり、私たちは自分を知り、自分とうまく付き合うことができてはじめて他人とうまく付き合うことができる、ということです。

では、「内向型人間」の特性とはいったい何か？　本書を書くためには、そのことをまず知らなくてはなりませんでした。とはいえ、私のような普通の生活ができる「内向型人間」（神経質でも、恥ずかしがりやでもない）は、日常生活ではわりと問題なく他人と付き合っているので、その特性をなかなか自覚できません。そこでいろいろと考えた末、まずは自分自身の人間関係や他人との接し方をこと細かく分析することで「内向型人間」の特性を探ることにしました。さらにイギリスの自己啓発本や心理学書からヒントを得たり、これまで以上に注意深く「内向型」のクライアントを観察したりしました。

そして私はついに突きとめました。「内向型人間」が他人と接する際に見せる一連の典型的な特性を発見したのです。それらの特性は「強み」と「弱み」の２種類にはっきりと分類することができました。「内向型人間」の誰もがこれらの特性のすべてをもっているというわけではありませんが、その多くがもっていることは間違いありません。それを知ったことで、私は「内向型人間」を専門に扱うコミュニケーションコーチとして大きな一歩を踏み出すことができたのです！

「強み」とは明らかに長所ですが、「弱み」も長所になります。自分の弱みを知っている人は、自分の弱みを知ろうとしない人よりも

自身の心の要求をより深く理解することができます。たとえば私は昔から、家族や友人といると、ふとひとりになりたくなる自分のことを協調性のない人間だと思っていました。ですが今では、「ひとりになりたい」と思うことは当然の要求だと思えるようになりました。私はひとりになることで心の疲れを癒し、新たなエネルギーを蓄えているからです。この自分の特性を「弱み」と言いたくありません。これが弱みなら、「外向型人間」が「内向型人間」よりも頻繁に周囲の評価を得たがるのを「外向型人間」の弱みと言うこともできるからです。

　さあ、あなたの「強み」と「弱み」を知りましょう！　強みと弱みを生涯の友として生きていくのです。そうすることで、現状を自分に合うように変え、他人とうまくコミュニケーションできるようになります。

「内向型人間」はまず、他人と関わる場では、こう考えるように心がけましょう。

1　今、どの強みを利用すべきか？
2　今、注意すべきことは何か？

　本書に記しているのは、これらの問いに対する私の答えです。みなさんはそれらを日常生活に役立てることができます。

どう読めばいいか
「内向型人間」はどう考え、どう他人とコミュニケーションするのか。これが本書の中心テーマです。第1部では「内向型人間」の性格に焦点を当て、彼らの強みと弱みを解説しています（「内向型人

間」についての基本的な知識を得るためにも必ず第１章から読んでください）。第２部では、プライベートな場と職場の両方に焦点を当て、「内向型人間」に成功をもたらす有効なコミュニケーション法を明らかにします。特に現状を「内向型人間に合う」ように変えていく方法を記しました。第３部では、他人とコミュニケーションするなかで自分の強みを活かし、弱みを克服する方法について述べています。人脈を広げたいとき、交渉するとき、スピーチをするとき、ミーティングをしているときに自覚すべき強みと弱みについて説明します。まずは第１章で「内向型人間」についての基礎的な知識を学び、それぞれの質問に答えてみましょう。すると自分のどの特性がどういった状況で大切なのかがわかってくるでしょう。

　どの章にも私のセミナーの参加者やトレーナー（匿名）の話が出てきます。そのどれもが「内向型人間」の強みを活かす方法を明確にしてくれるはずです。みなさんがこれらの経験談から勇気を得て「内向型人間」のコミュニケーション法を実生活に活かせるようになることが私の願いです。

「内向型人間」が世界を動かす！
　私が知る限り、著名人の多くは「内向型人間」です。次のリストを見てください。

「内向型」の著名人
ウディ・アレン——映画監督、作家、俳優、音楽家（アメリカ）
ジュリアン・アサンジ——ジャーナリスト、ウィキリークスの創始者（オーストラリア）
ミヒャエル・バラック——ドイツのサッカー選手、ナショナルチームの元キャプテン

ブレンダ・バーンズ──アメリカの消費財大手メーカー、サラ・リーの会長兼最高経営責任者（CEO）

イングリッド・バーグマン──女優（スウェーデン）

ウォーレン・エドワード・バフェット──著名な投資家、経営者（アメリカ）

フレデリック・ショパン──作曲家、ピアニスト（ポーランド）

マリー・キュリー──化学者、物理学者、ノーベル物理学賞・化学賞受賞者（ポーランド）

チャールズ・ダーウィン──自然科学者、進化論の提唱者（イギリス）

ボブ・ディラン──ミュージシャン、詩人、画家（アメリカ）

クリント・イーストウッド──俳優（アメリカ）

アルベルト・アインシュタイン──物理学者、ノーベル物理学賞受賞者（ドイツ）

マハトマ・ガンディ──インド独立運動の指導者

ビル・ゲイツ──マイクロソフト社の共同創業者・元会長（アメリカ）

サー・アルフレッド・ヒッチコック──映画監督（イギリス）

マイケル・ジャクソン──ミュージシャン（アメリカ）

フランツ・カフカ──作家（チェコのプラハ出身）

イマヌエル・カント──哲学者（ドイツ）

アヴリル・ラヴィーン──シンガーソングライター（カナダ）

アンゲラ・メルケル──ドイツの首相

サー・アイザック・ニュートン──物理学者、数学者、哲学者、神学者（イギリス）

バラク・オバマ──アメリカ大統領

ミシェル・マリー・ファイファー──女優（アメリカ）

クラウディア・シファー──ファッションモデル（ドイツ）

ジョージ・ソロス──投資家（ハンガリー系・ユダヤ系アメリカ人）
スティーヴン・スピルバーグ──映画監督、映画プロデューサー、シナリオライター（アメリカ）
ガブリエレ・ストレーレ──ドイツのブランド"ストラネス"のトップデザイナー
マザー・テレサ──修道女、ノーベル平和賞受賞者（マケドニア出身のインド人）
チャールズ・マウントバッテン＝ウィンザー──イギリス皇太子
マーク・ザッカーバーグ──フェイスブックの創業者（アメリカ）

　このリストを見ると、才能や権力や画期的なアイデアや勇気や賢明さや魅力をもちあわせ、成功した人の多くが「内向型人間」であることがわかります。ですが彼らは「外向型人間」より優れているわけでも、劣っている（「内向型人間」はそう思いこんでいる人が多いですが）わけでもありません。彼らが成功した唯一の理由は、自分の「内向性」と特性に正面から向き合い、自分に正直に生きつづけたからです。これはすばらしい成功法です。私はこの方法をみなさんに伝授したいのです。胸を張って「内向型人間」でありつづけてください。そして自分に合う生き方をしてください。このリストの著名人のようにあなたも自分の強みを活かしさえすれば、世界を変えることができます。
　アメリカのシンガーソングライターで女優のドリー・パートンはこう言いました。

『自分が誰なのか知り尽くして──逃げてはだめよ！』

目次

内向型人間のための人生戦略大全
Quiet Impact

本書によせて　　　　　　　　　　　　　　　　　　　　4

はじめに　誰の心の中にも必ずある2つの世界　　　6

第1部
自分は誰か、何ができるか、何が必要かを知る方法　　19

第1章　なぜ「内気」なのか？　　20

「内向型人間」とはどんな人か？　　20

「内向型」か「外向型」かを知るための問い：
どこからエネルギーを得ているか？　　24

今の気持ちを確認してみましょう　　25

「内向型」と「外向型」：発見の過程と新たな認識　　28

他人を必要とする度合い　　31

まとめ　　43

第2章　「内向型人間」の強み　　45

見すごされがちな「内向型人間」の強み　　46

「内向型人間」の強み　　47

あなたの強みはどこにありますか？　　63

まとめ　　69

CONTENTS

第3章 「内向型人間」の弱み … 70

「内向型人間」の弱み … 71
あなたの弱みはなんですか？ … 89
まとめ … 93

第2部 プライベートと職場での成功の両方を手に入れる方法 … 95

第4章 居心地のいいプライベート空間のつくり方 … 96

信頼関係 … 97
「内向型」のパートナー、それとも「外向型」のパートナー？ … 98
パートナー探し──強みの利用法 … 100
パートナーと一緒に暮らす … 105
「外向型」のパートナーとうまく付き合う … 109
「内向型人間」同士の関係 … 113
「内向型人間」のシングルライフ … 116
子供がいる「内向型人間」 … 118
「内向型」と「外向型」の子供 … 121
まとめ … 132

第5章 職場でのふるまい方 … 134

チームの中の「内向型人間」 … 135
「内向型人間」のチームワークを成功させる方法 … 137
「内向型人間」が会社の幹部になったら … 141
なぜ「内向型人間」は昇進しにくいのか … 151
キャリアアップするためのコミュニケーション：
守るべき5つの基本原則 … 151
コミュニケーションツールを利用する … 155
電話の活用法とストレス軽減法 … 157
安心できるEメール … 159
Eメールの最適な利用法 … 162
避けられない試練：出張 … 163
「内向型人間」が楽に出張するコツ … 164
まとめ … 166

第3部
注目され、耳を傾けてもらうためにはどうすればいいか … 169

第6章 人間関係を広げ、深める … 170

よい人間関係を築くためのコミュニケーション … 172

「内向型人間」に合った人脈づくりとは　173
「内向型人間」の強みを活かすコミュニケーション　189
心の要求を考慮したコミュニケーション　205
社交の場で積極的になる方法　211
安心できるコミュニケーション：
ソーシャルメディアの活用　213
まとめ　217

第7章　交渉　219

交渉のプロセス　224
交渉に活かせる「内向型人間」の強み　227
交渉を妨げる「内向型人間」の弱み　232
まとめ　237

第8章　スピーチ　239

スピーチを極める方法　239
成功するスピーチの特徴　241
成功するスピーチの関係図　248
スピーチで自分の強みを活かす　252
スピーチで苦手なことを克服する　259
まとめ　273

第9章　会議　275

会議の6つの法則　277
議論をまとめる：上級者のための会議のすすめ　288
会議の準備：確認リスト　289
会議で起こるハプニングの対処法　293
問題のある参加者の扱い方　296
まとめ　301
満ち足りた「内向型」生活に向けて　301

みなさんに感謝します！　307
付録　309

PART 1

自分は誰か、何ができるか、何が必要かを知る方法

第1章 なぜ「内気」なのか？

　ヨナスは工科大学でエンジニア学を専攻する優秀な学生。一緒に映画に行ったり、スポーツをしたりする仲のいい友達が2人います。ウェブ上の交友関係も広く、フェイスブックやツイッターで大学の友達や実習を通して知り合った人々と連絡を取り合っています。今はドイツの大手自動車メーカーで実習中です。社交的なヨナスですが、恋愛はうまくいったためしがありません。ただでさえ工科大学に通う女性は少ないのに、パーティーやコンサートにもほとんど行かないからです（人が多く騒がしい場所が苦手だから）。最近は出会い系サイトで自分に合う相手を探したほうがいいのでは、と考えるようになりました。

　ヨナスは勤勉な大学生です。単位を落としたことは一度もなく、テスト勉強もきちんとしています。ですがゼミの学生達の前で研究発表をするのが苦手です（口頭試験も嫌いです）。休みの日にジョギングをするのが好きです。カメラが趣味なので、ジョギングの最中に今度は何を撮ろうかと考えたりします。ヨナスはまた、自然の中に橋などの建築物がある風景をカメラに収めるのが好きです。

「内向型人間」とはどんな人か？

「内向型人間」と「外向型人間」

　人間はみんな「内向型人間」か「外向型人間」のどちらかに分類できます。ほとんどの人は「内向型人間」と「外向型人間」につい

て自分なりのイメージをもち、それをもとに特定の性格をもつ人をそのどちらかに当てはめています。ですが現実の世界であれ文学の世界であれ、人間というものをじっくりと観察してみると、「内向型」と「外向型」の境界はかなり曖昧であることがわかります。それは「内向型」と「外向型」という傾向の現れ方にぶれがあり、それによって私たちの判断も揺らぐからです。

個性

　人間の性格は人によって違います。私たちは「内向型」もしくは「外向型」のいずれかの傾向をもって生まれ、それによって何かを必要であると感じたり、特定の気質を示したりします。子供のころから「内向型」と「外向型」の兆候は見られます。時とともにそうした傾向が定着していくのです。「内向型」と「外向型」という言葉をより正確に理解するにはこう考えなくてはなりません。両者は対置する2点なのではなく、1本の直線の両端にある2点なのだ、と。人間はみんな「内向的」な性格と「外向的」な性格の両方をもちあわせています。つまり、生まれたときから「内向型」と「外向型」、この2点を結ぶ直線上の快適ゾーン（自分が心地よいと感じる範囲）に生きているのです。

　ほとんどの人は「内向型」と「外向型」のどちらかに偏ってはいても、直線のだいたい中間部分を快適ゾーンにして生きています。そして健康的な生活を送っています。ですがこの快適ゾーンが「内向型」または「外向型」のどちらかに大幅に偏っている人は健康的な生活を送れない可能性があります。特に不健康な生活を送っているのは快適ゾーンに生きたくても生きられない人たちです。たとえばヨナスのような騒がしい場所が苦手な人は、騒音の多い場所にずっといなければならないと、エネルギーを充電できません。自動車

メーカーで、実習した部署ではなく、ノルマを課せられる営業部門で働くようなことにでもなれば、疲れ切って何もかもが嫌になってしまうに違いありません。こういった状況が長く続くと病気になる可能性もあります。

状況

　しかし「内向型」「外向型」という性格は状況によっても変わります。どんな人も臨機応変に自分で自分の態度を「内向型」あるいは「外向型」に切りかえることができます。つまり、私たち人間には順応性があります。言いかえると、考えや行動を状況によって変える能力をもっているのです。ですから状況次第で行動の仕方を変えることもできるのです。「内向型人間」だから順応できず、「外向型人間」だから順応性がある、ということはありません。順応性はむしろ「知性」や「自制心」といったものに支えられています。なぜなら、順応性とは普段とらないような行動をあえてする能力だからです。また私たちは自分の立場によって人との接し方を変えたりもします。私の言い方はきつすぎる、それともやわらかすぎる？ 相手が求めているものは何？　どう自分をアピールすべき？　こういうことを考えて行動します。

　だからヨナスも、母親の誕生日に年下のいとことその家族を家に招くときなどは、年上として話を盛り上げ、楽しげに振る舞い、叔母の質問には丁寧に答え、親切になることができるのです。また自動車メーカーでの実習中に見本市会場のブースで知らない人と話さなければならなくなっても、「これは仕事なんだ」と自分に言い聞かせて頑張ることができるのです。超がつくほどの「外向型人間」ですら、ときにはあえて黙りこんだり、遠慮したりします。私が知っている限り、「外向型人間」は、取り乱していてもむしろ黙って

いられる（黙っていたいと思う！）人が多いです。このように順応性をもてるのは幸せなことです。「内向型」と「外向型」を状況に応じて切りかえればいろいろなことができるようになり、行動の幅が広がります。

文化

　また、「内向型」「外向型」という性格は、文化によっても違います。たとえば日本では、静けさ、孤独、沈思黙考が大切とされます。知人との何気ない会話の中にも沈黙する時間が含まれているのが普通です。「内向型」の外国人はそんな日本人に共感を覚えます。一方、アメリカのような「外向型」文化圏では会話の中の沈黙は、気まずいもの、不快なものと受けとられます。家でも職場でも常に大勢でいることが普通とされます。ですからアメリカ（そして、ドイツやその他の欧米諸国）に住む「内向型人間」は、日本に住む「内向型人間」よりも一層「外向的」に振る舞わなくては他人とコミュニケーションできません。これはとても骨の折れることです。

人生経験

　人間の性格は人生経験にも左右されます。ほとんどの人は歳を重ねるにつれ、「内向型・外向型直線」の真ん中に快適ゾーンを移して生きるようになります。つまり「内向型」でも「外向型」でもない「中庸型」の傾向を示すようになります。ですから「外向型」の人も人生の折り返し地点で「内向性」を手に入れ、それによって人生を振り返り、その意味と意義について考えるようになります。

　人間の性格が状況、文化、人生経験に左右されるものだとしても、「内向型」と「外向型」の区別が性格判断の基本であることは間違いないでしょう。自分は「内向型」か、それとも「外向型」か。そ

れを知るためにはまずこう自問しなくてはなりません。

「内向型」か「外向型」かを知るための問い：どこからエネルギーを得ているか？

あなたは、ストレスがたまって充電したいときにどうするか？

答えは2つあります。1つ目は「人と会って充電する」です。私の夫はこのタイプです。疲れた日は友達と外出したり、サッカーをしたり、興味のある集会に参加したりします。こういう人は「外向型」の人です。2つ目の答えは「家にこもり、人と話をするのを避け、ひとりで充電する」です。私がこのタイプです。セミナーを開催した日の夜は、ホテルの部屋にこもり読書をします。親友と2人きりで会って、ゆっくりと話をすることもあります。3日間のセミナーが終わったら半日はひとりでゆっくりすごさないと充電できません。私は典型的な「内向型人間」です。

「内向型人間」は、刺激の多い場所にいるとエネルギーを消耗します。刺激の多い場所とは、同時にいろいろなことをしなければならない職場であったり、知らない人が大勢来たり、大音量で音楽が流れているパーティーであったりします（ヨナスもこういったパーティーは苦手です）。「内向型人間」はこういう場所にいると逃げ出したい衝動にかられます。一方「外向型人間」は刺激の多い場所が大好きです。エネルギーを得られるからです。彼らはひとりにされたり、単調な生活が続いたりすると、新たな刺激や気晴らしを求めます。たとえば図書館や病院のベッドやオフィスにひとりでいると人と話ができる場所が恋しくなります（カフェや休憩所、あるいは携帯電話やWi-fiが可能な場所を探し求めます）。ただしオフィスでは

とりあえず電話をしたり、インターネットを見たりすることができるので、「外向型人間」もなんとか我慢できるでしょう。

「外向型人間」もひとりになったり、静かな時間をすごしたりしたい、と思うことはあります。ですが「内向型人間」の「ひとりになりたい」という気持ちは「外向型人間」より切実です。「内向型人間」は生きるため、つまり人間関係や日常のさまざまなことから生まれるストレスを取り除いて生きるエネルギーを再び手にするために「ひとりになりたい」と思うのです。ひとりの時間がないとイライラし、疲れきってしまうからです。スウェーデンの静かな森で3週間過ごすなどという休暇は、「内向型人間」の夢ではないでしょうか。

今の気持ちを確認してみましょう

自分が「内向型人間」か「外向型人間」かを調べる本格的なテストはこの後に出てきますが、今の時点であなたはどう感じていますか？

自分はどちらかというと「内向型人間」かもしれない ☐
自分はどちらかというと「外向型人間」かもしれない ☐
どちらとも言えない ☐

人間の性格は、「内向型」だからいい、「外向型」だからいい、ということはありません。性格を「内向型」と「外向型」に区別するのは、心の要求を知るためです。私たちは自分が求めるものを知れば知るほど大事なものを見つけやすくなり、より「自分に合った」人生を送ることができるようになります。そのためにはまずひとり

の時間と他人とすごす時間の分量を自分の性格に合うよう調整できなくてはなりません。「今、何が欲しい？」と自分に問いかける習慣を身につけましょう。すると常に答えが見つかります。

風力発電機と蓄電池

「外向型人間」と「内向型人間」のエネルギーを得る方法とその違いを明らかにするためには、両者を発電機と蓄電池にたとえてみることです。「外向型人間」は風力発電機のようなものです。発電するために風という外部の刺激を必要とします。そしてその刺激を利用して自らを動かします。つまり、風力発電機でいうところのタービンを「回しつづけ」ます。一方「内向型人間」は蓄電池のようなものです。「風のような外からの刺激」を必要ともしなければ、自分で動いたりもしません。ただ静かに電源から充電します。ですが、充電には時間がかかります。

「内向型」、「外向型」の脳

　脳科学者は、「内向型人間」は「外向型人間」よりも脳の活動により多くのエネルギーを必要とすることを発見しました。「内向型人間」の脳内では「外向型人間」より多くの電気活動が見られると言います。それは悩みごとがあってもなくても、考えごとをしていてもしていなくても同じです。特に思考や判断などの精神作用をつかさどる前頭葉でエネルギーは多く消費されています。私たちは脳のこの部分を使って、学んだり、決断したり、思い出したり、問題を解いたりします。このことからも「内向型人間」は物事を処理するのにより多くのエネルギーを費やし、貴重な蓄えをすぐに使い切ってしまうことがわかります。一方「外向型人間」は、脳活動にエネルギーを使いすぎないだけでなく、風力発電機のようにタービンを回しながら（エネルギーを消費しながら）、同時に発電もしてい

るので、エネルギーを使い切ってしまうということがあまりありません。両者を比較すると、「内向型人間」はエネルギーを効率よく使う必要があることがわかります。

　さらに「内向型人間」の脳は「外向型人間」の脳より外部の刺激に対してより敏感に反応すると言われています。つまり「内向型人間」は、どんな人やどんなものに出会っても、その印象を処理するのに「外向型人間」より多くのエネルギーを消費するのです。たとえばヨナスのような「内向型人間」は、騒々しい場所では勉強したり頭を使う仕事をしたりすることができません。それなのに彼の「外向型」の学友たちは少し騒々しいくらいの場所のほうが（ラジオを聴いたりしたほうが！）よく勉強できるのです。

　そうは言っても「外向型人間」が「内向型人間」より常に「元気」というわけではありません。反対に「内向型人間」が「型どおり」「外向型人間」より「静か」というわけでもありません。「人見知りする」という特性ですら、常に「内向型人間」に当てはまるわけではないのです。「人見知りする」人はみんな他人と接するのを怖がっているだけです。知らない人と話をすると不安になるのです。不安は「内向型人間」か「外向型人間」かにかかわらず「誰もがかかえる」ものです。ですから不安があるかないかで、「内向型」か「外向型」かを区別することはできません。

　また「繊細すぎる人」が「内向型人間」というわけでもありません。「繊細すぎる人」とは外部からの刺激に対して神経系がとても敏感に反応するために刺激を感じすぎる人、よく言えば感受性が非常に強い人のことを指します。「繊細すぎる人」の多くは「内向型人間」ですが、その30パーセントは（「繊細すぎる人」を専門に研

究する心理学者のエレイン・アーロン博士がそうであるように）「外向型人間」です。

「内向型」と「外向型」：発見の過程と新たな認識

フロイトとユング

　約100年前に心理学者のジークムント・フロイト（外向型人間）が精神分析学をはじめました。人間の無意識を支配しているのは性欲である、というのが彼の理論でした。ところがフロイトの弟子であったカール・グスタフ・ユングがその理論に真っ向から反対しました。無意識をつかさどるのは性欲だけではないとし、性欲以外のものも含めた無意識の全体像を解明する研究をはじめたのです。これをきっかけに2人の師弟関係は破綻。仕事も研究も別々に行うことになりました。

　ユングは1921年に論文『心理学的類型』の中ではじめて人間の性格の基本的な特徴を示す型である「内向型」と「外向型」を定義しました。そこで「内向型」と「外向型」の性格を特徴づけるのは、思考、感情、直観、知覚の4つの機能であると説明しています。性格型研究の主な分野ではこの論文が今でも参考にされています。アメリカでよく知られているマイヤーズ・ブリッグズ式性格分析テスト（MBTI）やインサイツ・テストは、先の4つの機能をもとに性格分析を行うことからユングの理論に最も近いと言えるでしょう。

　アメリカの心理学者、マルティ・オルセン・レーニ博士は著書『内向型の強み』（2002年）（訳注：邦訳なし）の中で「フロイトはユングと絶交した後に書いたナルシシズムについての論文の中で、『内向型』をネガティブな性格とし、『外向型』を健康的でポジティ

ブな性格とした」と書いています。「内向型人間」が今もなおネガティブなイメージでしかとらえられないのは、「外向型人間」フロイトと「内向型人間」ユングのこの対立があったからかもしれません。

ドイツのコミュニケーショントレーナー、ヴォルフガング・ロートは2003年、「ユングは長い間彼を悩ませてきたフロイトとの不仲を分析するために論文『心理学的類型』を書いた」と述べています。

ここで知っておくべきことは、ユングはフロイトと違って「内向型」と「外向型」の区別をもとにして人間性を評価したりはしなかった、ということです。ユングにはどちらの性格も大事で価値あるものにしか見えませんでした。それどころか「内向型人間」と「外向型人間」は互いに足りない部分を補い、視野を広げ、新たなものの見方を獲得するために助け合っているように見えたのです。私たちはこの考えをいろいろな場所で応用することができます。たとえば「外向型」の社員が新たなプロジェクトを始める際、「内向型」の社員にプロジェクトの内容を確認してもらうのです。そのほうが確実です。また「内向型」の父親は「外向型」の娘を穏やかにさとすことができるでしょう。父親も娘も「外向型」の場合はこうはいきません。争いになるだけです。

科学は日々進歩しています。「内向型」と「外向型」の研究で今最も興味深い分野は脳生理学です。心理学と医学は同じではありませんが、新たな科学的見地はどんな研究にも有用です。90年代以降、中枢神経系のいろいろな部分についての研究が進みました。それでわかったのは、「内向型」と「外向型」の違いは、心理学的にも生物学的にも証明できるということです。つまり人間の性格と行動は脳の働きと関係しているのです。だからといって他人と接する

ときや行動するときに、こうすれば絶対に問題ないという方法があるわけではありません。生理学的証明は所詮、私たちの強みや性格を判断するものでしかないからです。

「内向型人間」と「外向型人間」はどちらが多いか

　もちろん、科学が「内向型人間」と「外向型人間」についての問いのすべてに答えられるわけではありません。たとえば、「内向型人間」と「外向型人間」はどちらが多いか？　というような質問は見方によって答えが変わってきます。

「内向型人間」は目立たないけれど、どこにでもいる

「外向型人間」はあまり目立たない「内向型人間」と違って、話上手で、多くの人から注目されます。オルセン・レーニ博士は自著の中で「オットー・クレーガーやジャネット・チューゼンといった作家が人口の75パーセントは『外向型人間』であると言うのに対して、同じ作家のスーザン・ケインは少なくて30パーセント、多くて70パーセントが『外向型人間』であると言っている」と指摘しています。アメリカの心理学者ローリー・ヘルゴーは2008年に、リーダーシップ開発の専門家デボラ・ザックは2012年に「内向型人間」についての著書を出版し、「内向型人間」と「外向型人間」の比率は五分五分ではないかとの見解を明らかにしました。マイヤーズ・ブリッグズ式性格分析テスト（MBTI）について書かれた文献の中でも五分五分との見解が多く見られます。

「内向型人間」と「外向型人間」の人口比率を正確に算出するのは不可能です。ですが「内向型人間」が多く存在することは確かです。人口比率についての話はこの辺でおしまいにして、本題に入りましょう。「コミュニケーション」が次のテーマです。

他人を必要とする度合い

「内向型人間」は「社会性のない人」なのか？

　内気で「静かな人」は、「社会性のない人」と思われがちです。これは大変残念です。実は「内向型」という性格は、親切だったり、友好的であったりといった特性とは別の次元にあります。もちろん社会との接点はインターネットしかないというような「引きこもり」の「内向型人間」も中にはいます。ですが第6章で紹介するアンネのように、人と関わることが大好きで、それを職業に活かしている「内向型人間」もいるのです。一方、「外向型人間」にもいろいろなタイプがいます。「外向型人間」なら誰もがカリスマ性のあるエンターテイナーというわけではありません。人付き合いが苦手な「外向型人間」もいます。社会性のない人間などこの世にひとりもいません。人間はみんな他人を「必要」としています。たとえば赤ん坊は成長するために、大人は社会で生きていくために周囲の助けを必要とします。また社会の秩序を維持するためには周囲の監視の目が必要です。

　他人とうまくコミュニケーションする能力とは、いろいろな特性から成り立つものです。他人に興味がある、他人の気持ちがわかる、尊敬の念をもちやすい、同情しやすいといった特性から、罪悪感を覚えやすいといった特性までさまざまです。こういった特性は「内向型人間」か「外向型人間」かにかかわらず誰もがもてるものです。

報酬と自己投資

　「内向型人間」も「外向型人間」も他人を「必要とします」が、そこにもまた両者の違いが見られます。「内向型人間」にとって、人付き合いは「自己投資」を意味します。つまり「内向型人間」は自

分への投資として、エネルギーを使い、他人と接するのです。接触する人の数が増えれば増えるほどより多くのエネルギーを消費します。一方「外向型人間」は、他人と接することでドーパミンという神経伝達物質の助けを借りてエネルギーという「報酬」を得ます。ここで忘れてはならないのは、「外向型人間」は風力発電機でいうところの風、つまり、他人との接触を常に必要とするけれど、それは「内向型人間」が充電するために「ひとりの時間」を欲するのと同じだということです。「外向型人間」は他人といると元気になるので、よりいっそう外向的になる傾向があります。

　もちろん「内向型人間」も、他人と接すると気分がよくなることもあります。そうはいっても「外向型人間」の場合とは明らかに違います。「内向型人間」は人間関係に刺激を求めたりはしません。「内向型人間」の頭の中では常にいろいろなことが起こっているので外部からの刺激など必要ないからです。だから「内向型人間」は人に会うと疲れやすく、人と会う回数をなるべく減らそうとしたり、人から誘われるまでは自分から誘ったりしないよう心がけます。そんな「内向型人間」が好きなのは、大勢の人と話すことではなく、1人または2人の人間と話すことです。講演会を開く機会があっても、たくさんの人が入る大ホールではなく、限られた人数しか入れない小ホールを会場に選びます。ですがそういう場でどんなにすばらしい人に出会ったとしても、その後には必ず「ひとりの時間」が必要になります。「内向型人間」は、ひとり静かに気持ちを落ち着け、外部からの刺激を消化して初めて、失ったエネルギーを取り戻して元気になれるからです。

密度の濃い内的生活
　「内向型人間」は外部から刺激を受けすぎると、それを消化するた

めに心を閉ざそうとします。だからこそ、「外向型人間」から「社会性のない人間」と見なされてしまうのです。最悪の場合、自分勝手、人間嫌い、一匹オオカミなどといったレッテルを貼られてしまいます。これを今お読みになっている「外向型人間」のみなさん、「内向型人間」はそんな人間ではありませんよ！「内向型人間」は何ごとも、「外向型人間」より真剣に受けとります。出来事の一つ一つを自分の経験や考えに照らし合わせ、評価します。だからすぐに脳内の記憶量が容量を超えてしまうのです。

必要な充電期間
「内向型人間」は頭の中を整理したり、充電したりする時間を必要とします。これは話をしている最中も同じです。一歩身を引き、興奮を抑え、疲れを癒し、話が煮詰まりすぎるのを避けようとします。そんなふうに自分を取り戻すことは話し相手に対して不親切でも失礼でもありません。まったくその逆です。「内向型人間」はすべてのものごとをきちんと理解したいと考えます。ですから時間をかけて受けとった情報を消化するのです。また相手の立場に立って考えようとします。だから見た目にはそう見えなくても「内向型人間」は「外向型人間」よりも多くの神経を使っています。「外向型人間」が「内向型人間」に拒否されたとか、無視されたとか、退屈させられたと言って怒り出すのは、そのことを知らないからです。どうか、その場の印象だけで判断しないでください！

柔軟性のある「内向型人間」
「内向型人間」は他人といる時間と「ひとりの時間」をうまく調整できれば、「内向型」脳の長所を活かし、よりよく生きることができます。他人といる時間とひとりでいる時間の最適な比率は、「内向型」と「外向型」を結ぶ直線上、つまり「内向型・外向型直線」

上のどの辺の快適ゾーンで自分が生きているかによります。「内向型人間」の中には過度に「ひとりの時間」や「静かな時間」を必要とする人（快適ゾーンが極端に「内向型」に偏っている人）がいます。こういった人は他人といる時間が長くなると、その後でさらに長い「ひとりの時間」が必要になります。一方、同じ「内向型人間」でも快適ゾーンが中間部分に近い人ほど、他人と長い時間をすごしても、再び自分を取り戻すのにそれほど多くの「ひとりの時間」を必要としません。また友好的で、他人と接するときは「外向型人間」として振る舞います。そういう人間をローリー・ヘルゴーは「コミュニケーション能力のある内向型人間」と呼びました（2008年）。私は「柔軟性のある内向型人間」と呼んでいます。

「柔軟性のある内向型人間」は、一見「外向型人間」のようにも見えます。人と関わるのが好きで交友関係も広いからです。ですがエネルギーの充電の仕方を見る限り「外向型人間」とは違うことがわかります。静かな時間と「ひとりの時間」がないとエネルギーを蓄えることができないからです。

ひとりになりたい欲求を見逃さないこと

「柔軟性のある内向型人間」は、普段は社交的であるために「ひとりの時間」をなかなかもてません。「ひとりになりたい」欲求をもっていることを周囲の人間に見せようとしないからです。それどころか社交的な「内向型人間」の中には、人といることが好きなので自分が「ひとりの時間」を欲していることになかなか気づけない人もいます。社交性があることイコール「ひとりになりたい」欲求がないと決めつけてはいけません。「柔軟性のある内向型人間」は人が好きなので、「ひとりになりたい」欲求を感じにくく、エネルギーを消耗しすぎる傾向があります。ですから疲労困憊してしまう前

に、少しでも「ひとりの時間」を多くもつことを心がける必要があります。

「内向型人間」も「外向型人間」と同じように、交友関係を広げられます。「内向型人間」は信頼できる人とできない人を区別し、いい人間関係を築くことが得意だからです。ですが、心が本当に欲しているものとそうでないものを区別できなくては、本当の意味でいい人間関係を築くことはできません。次の問いに答えてください。

あなたへの質問

どんな人といると気持ちが落ち着きますか？
周囲がどういう状況だと気分がいいですか？

あなたは「内向型人間」？

　まず、あなたが「内向型人間」であるかないかを知ることが大事です。「内向型人間」の主な特性についてはだいたいおわかりいただけたと思います。では、ここで自分自身について考えてみましょう。あなたの快適ゾーンは「内向型・外向型直線」上のどの辺りにありますか？　それさえわかれば自分の「強み」と「弱み」に気がつき、自分とも他人ともうまく折り合いをつけて生きていくことができるようになります。またこれまでは自分を見失うほどエネルギーを投入していた部分に無駄なエネルギーを注がなくてもよくなり（私もそうでした）、いろいろな場面で自分が何を欲しているかを落ち着いて考えられるようになります。

　まずは次のテストを受けてください。好きなドリンクでも飲みな

がら、ペンを片手にじっくり時間をかけて取り組んでください。すると、あなたが内向型人間かどうかがわかります。

自分に当てはまるものにチェックマークをつけてください。

1　話し相手が質問にすぐ答えてくれないとイライラする □
2　たくさんの人と話をするよりは2人きりで話をしたい □
3　人に話すと自分の考えもクリアになる □
4　自分の身の周りが清潔で片付いていると落ち着く □
5　「思いついたら」、考えたり、ためらったりすることなくすぐ行動に移す □
6　疲れたら「ひとりになりたい」と思う □
7　早口な人が苦手 □
8　好き嫌いがはっきりしている □
9　できる限り人ごみを避けたい □
10　知らない人ともすぐ話ができる □
11　長時間他人と一緒にいると疲れてイライラしてくることが多い □
12　周りのみんなは私の話をよく聞いてくれる □
13　パーティーを家で開くと長居する友達には片づけを手伝ってもらいたいと思う □
14　長時間集中して仕事をするよりは小刻みに仕事をするほうが好き □
15　大きな声で話したり、長話したりすると疲れる □
16　本当に信頼し合える友達さえいれば、たくさんの友達はいらない □
17　他人が考えていることなど気にしない □
18　十分な睡眠を取りたい □

19 新しい場所や新しい環境が好き ☐
20 急に問題が生じたり、状況が変わったりすると動揺してしまう ☐
21 もの静かで面白みに欠け、孤独で内気な人だと思われやすい ☐
22 何でも観察するのが好きで、小さなことを見つけるのが得意 ☐
23 書くより話すことのほうが好き ☐
24 事前にいろいろ調べてからでないと何かを決断できない ☐
25 険悪な雰囲気にすぐに気づかないことが多い ☐
26 美的感覚に優れている ☐
27 嘘をついてパーティーやその他の誘いを断ることがある ☐
28 比較的すぐに人を信用する ☐
29 考えごとをするのが好き ☐
30 人前で話すのはなるべく避けたい ☐
31 人の話をあまり聞かない ☐
32 他人の期待に必要以上に応えようとする ☐
33 喧嘩はスポーツのようなものだと思う ☐
34 退屈しやすい ☐
35 何でも盛大に祝いたい。大勢の人を呼んで本格的なパーティーや食事会を催したりするのが好き ☐

チェックマークを入れた番号をまとめましょう。

「内向型人間」に当てはまる番号：2、6、7、9、11、15、16、20、21、22、24、27、29、30、32

「外向型人間」に当てはまる番号：1、3、5、10、12、14、17、

19、23、25、28、31、33、34、35

ただし、番号4、8、13、18、26は、「内向型」、「外向型」のどちらにも当てはまりません。あなたが自動的に「この番号は内向型、あの番号は外向型」と考えるのを避けるためにカモフラージュとして入れたものです。

さあ、あなたは次のどれに当てはまりますか？

「内向型」の番号が「外向型」の番号より3つ以上多い人：
　これに当てはまるあなたは「内向型人間」です。選んだ「内向型」の番号が多ければ多いほど「内向型」の傾向は強いと言えます。「内向型人間」は本書を読むことで自分の心の要求と「強み」を活かして生きる方法を学ぶことができます。どんなときも本書を参考にしてください！

「内向型」の番号と「外向型」の番号が同じくらいの人、つまり、「内向型」の番号と「外向型」の番号の数の差が2つ以下の人：
　これに当てはまるあなたは「内向型・外向型直線」の真ん中辺りを快適ゾーンにして生きている人です。いわゆる「中庸型人間」、心理学で言うところの「両向性格者」として両者の特性をうまく活用し、柔軟に生きている人です。「中庸型人間」は本書を読むことで自分がもつ「内向型」の特性、つまり普段はあまり目立つことのない特性を理解できるようになります。

「外向型」の番号が「内向型」の番号より3つ以上多い人：
　これに当てはまるあなたは「外向型人間」です。選んだ「外向型」の番号が多ければ多いほど「外向型」の傾向は強いと言えます。

> 「外向型人間」は本書を読むことで「内向型人間」はどう「振る舞い」「行動する」のか、「外向型人間」とどう違うのかを知ることができます。するとより多くの人の気持ちを理解し、いい人間関係を築くことができるようになります。

自分を知ると精神的に強くなる

　さあ、これで読者のみなさんは自分を評価できたと思います。だいたい予想どおりの結果が出たのではないでしょうか。この結果をもとに次の2つのことを実行してください。1つ目は、自分自身の結果を他人の結果と比較すること。たとえばパートナーの結果と自分の結果を比較すれば互いをもっと理解できるようになるはずです。2つ目は、結果をもとに「内向型人間」として、もしくは、「外向型人間」として自分の心の要求と強みをよりいっそう意識すること。これはとても大事なことです。自分を知り、自分の特性を受け入れることができる人は自分の心の要求に正面から向き合い、それを自分の「強み」として活かすことができるからです。

「内向型人間」「外向型人間」比較表

　これまでの内容を整理したいという人のために、「内向型人間」と「外向型人間」の比較表を作成しました。「内向型人間」と「外向型人間」の典型的な「行動」や「振る舞い」をまとめたものです。ですが、典型的なものほどわかりにくいものはありません。なぜなら明らかに「内向型」、明らかに「外向型」という人はあまりいないからです。

あなたへの質問

次の表を利用して再確認してみましょう。
あなたはどの程度「内向型」、もしくは「外向型」ですか？

どちらかというと「内向型」　☐
どちらかというと「外向型」　☐
「内向型」でもあるし、「外向型」でもある　☐

典型的な「内向型人間」

- 疲れたらひとり静かにエネルギーを充電する（蓄電池型）。
- イベントや人に会うことが重なると、ひとりになってリラックスしたくなる。
- よく考えてから話したり行動したりする。思いつきで話ができない。
- 行動するより観察することのほうが多い。
- 何かを決断する前には十分な時間が欲しい。せかされるのが嫌い。
- 仕事は慎重にしたい。一つ一つの仕事に十分な時間を取りたい。
- 自分の居場所（自分の部屋やひとりでいられる場所）を大事にする。
- 本当の友達と言える人は少ないと思う。
- 大勢の人と中身のない雑談をするのが苦手。それよりは2人きりか、数人で深い話をしたい。自分から話をするのがあまり好きではないので話しかけられるのを待つ。
- 刺激をあまり必要としない。
- 仕事はなるべく1人、もしくは2人でしたい。

- 邪魔されるのが嫌。
- 考えごとをするのが好き。
- 個性が評価されることが重要だと考える（自信がもてるから）。
- たいてい聞き役だが、自分にとって大切なことはよく話す（信頼できる人の前では）。
- 個人的なことや自分の気持ちについてはとても慎重に話す。自分の悩みは本当に信頼できる人にしか話さない。
- もの静かで、内気で、傲慢にも見える。
- 大勢の人がいるところに行かされたり、予期せぬことが起こったり、周りから圧力をかけられると動揺し、最悪の場合はパニックに陥ってしまう。2人きり、もしくは数人と落ち着いて話をするのを好む。
- 近寄りがたいと思われることがある。
- 興味の範囲は狭いが、いったん興味をもつととことん追究する。
- 詳細にこだわる。
- 傷つきやすいので争いを避けたがる。
- なかなか決着がつかない複雑なことがらにも、忍耐強く慎重に対処できる。
- 静かな抑揚のない話し方をする。

典型的な「外向型人間」

- 疲れたら人と会ってエネルギーを得る（風力発電機型）。
- イベントや人に会うことがないと元気がなくなる。
- 深く考えずに思いつきで話したり、行動したりできる。話しながら自分の考えをまとめられる。
- 様子をうかがうよりは、すぐ行動に移したい。
- せかされたり、締切がせまったりしていても大丈夫。何でも「て

きぱきと」こなす。
・いろいろな仕事を小刻みに分けて行いたい。
・自分ひとりでいられる場所を必要としない。
・友達はたくさんいると思う。
・いろいろな人と話をすることを面白いと思う。新しい出会いを常に求めている。
・刺激がないとすぐに退屈する。
・チームワークが好き。
・邪魔されても平気。
・刺激を求めて人に会ったり、新しい場所に行ったり、動き回ったりする。
・自分の行動と影響力が評価されることが大事だと考える。
・聞き役でいるよりは自分から話をしたい。
・自分の気持ちや考えをすぐ人に話す。
・怒りっぽくて、短気で、行動的に見える。
・大勢の人がいるところに行かされたり、予期せぬことが起こったり、周りから圧力をかけられたりしてもあまり動揺しない。いろいろな人とコミュニケーションしたいと思う。
・攻撃的な人と思われることがある。
・興味の範囲は広いが浅い知識しかもっていない。
・複雑なことが嫌いなので詳細を知りたがらない。
・気が強いのでよく喧嘩する。
・なかなか決着がつかない複雑なことがらには「関わりたくない」と思う。
・抑揚をつけて大げさに早口で話す。

さあ、結果はどうでしたか？　あなたは「内向型人間」ですか？それとも「外向型人間」？　日常生活では両者の傾向が特に顕著に

あらわれる状況、言いかえると、自分の性格の傾向が顕著に見えてしまう場面があります。次はそういった状況について考えてみましょう。

世界は「内向型人間」と「外向型人間」を必要としている

　みなさん、「内向型」「外向型」テストの結果がどうであれ、世界は「内向型人間」と「外向型人間」の両方を必要としていることを忘れないでください。人類は（動物と植物の世界も）相反するものが互いに足りない部分を補い合うことで成り立っています。進化のためには、男と女、思考型人間と感覚型人間、農耕民族と遊牧民族、「内向型人間」と「外向型人間」など相反する性質や能力をもつ人間を常に必要とします。たとえば「外向型人間」は「内向型人間」に瞬発力や行動力やモチベーションを与えてくれます。反対に「内向型人間」は「外向型人間」に沈思黙考すること、深い人間関係を築くこと、人の話を聞くことの大事さを教えてくれます。

まとめ

- 「内向型人間」と「外向型人間」の決定的な違いはエネルギーの調達の仕方です。「内向型人間」はひとりの時間と静かな時間を、「外向型人間」は人と会う機会と行動を必要とします。

- 「内向型」と「外向型」の性格は１本の直線の両端にある２点のようなものです。人間はみんなその直線上に自分が心地よいと思う範囲（快適ゾーン）をもっています。その範囲内に生きられる人は幸せですが、生きられない人は不健康な生活を送らざるをえません。あるときは「内向型」、またあるときは「外向型」といったふうに性格が変わるのはおかしいことではありません。性格は自国の文化、

現状、立場、年齢、心の状態といったものとも関係しているからです。

・「内向型であること」と「内気であること」と「繊細すぎること」は違います。これら3つの特性は別々のものです。

・心理学者のカール・グスタフ・ユングが世界ではじめて人間の性格を「内向型」と「外向型」に分けて説明しました。心理学の本の中ではよく「外向型」の性格は「内向型」より「健康的」であるとの指摘が見られますが、これは当たっていません。

・「内向型」と「外向型」の違いは脳の機能にも見られます。つまり両者の脳の働き方が違うのです。

・「内向型人間」も「外向型人間」も自分の心の要求を正しく知れば、人との付き合い方を改善し、より自分らしい人生を送ることができます。

・世界は「内向型人間」と「外向型人間」の両方を必要としています。

第2章 「内向型人間」の強み

強みは宝物

　第2章は「内向型人間」にとって特に重要な章です。「内向型人間」の「強み」がテーマだからです。現代は「外向型」のコミュニケーションが評価される時代です。ですから「内向型人間」の成果や能力が認められることはあまりありません。しかし「内向型人間」は自分の「強み」を活かせば「外向型人間」のように自分の意見を主張したり、他人をやる気にさせたり、人間関係を広めたり、深めたり、誰かの非難に潔く対抗したりできます。他人とうまくコミュニケーションすることができるのです。そのためにはまず、自分に合う方法と手段を見つけることです。

自己非難する「内向型人間」

　「自分に合う方法と手段」。これは重要なキーワードです。私はコミュニケーションコーチになって以来「内向型人間」に寄り添い、そうした人たちの特性と向き合ってきました。そして「内向型人間」のほとんどが自らの強みを知らないということを知りました。自分自身を非難することばかりに気を取られているために、自分のよさを発見することがなかなかできないのです。もちろん自分自身を厳しい目で見て「自分はこうありたい」と高い理想をもつことは悪くありません。ですが自分を批判的な目で見ることに慣れてしまうと自信を失うばかりです。最悪の場合は自暴自棄に陥るかもしれません。

見すごされがちな「内向型人間」の強み

「内向型人間」は自己嫌悪に（これ以上）陥りたくなければ、自分の強みを見つけ、その価値を認識しなくてはなりません。次のページに「内向型人間」の典型的な強みをまとめました。これを見て自分の強みを知ってください。人間はみんな特性をもっています。しかし、もっていることが当たり前になっているためになかなかそのよさを知ることができません。だから多くの「内向型人間」は「静かである」という自分の特性が強みになることも知らないのです。実は「内向型人間」の強みは自分に対しても、他人に対してもかなりの影響力があります。本章を読めばその影響力に少しずつ気づけるはずです。絶対に！

　第1章にも書いたとおり、神経生物学的に見ても「内向型人間」と「外向型人間」の違いは明らかです。「内向型人間」の自律神経系と神経路は集中や習得や熟考や記憶に適し、「外向型人間」の自律神経系と神経路は活発な行動や刺激の追求に適しているからです。

　この生物学的違いが両者の強みを明確にしてくれます。しかしすべての「内向型人間」が次にあげる10項目すべての強みをもっているわけではありません。またそれらの強みのすべてが「内向型人間」だけに当てはまるというわけでもありません。「外向型人間」の中にも文章力や分析力に優れている人はいます。ですが「内向型人間」のほうが（私の経験から見ると）圧倒的に次にあげる強みをもっている可能性が高いのです。

「この強みは私に当てはまる？」そう考えながら、次を読んでください。そして章の最後にある質問に答えましょう。その答えがあな

たにとって重要な認識、宝になります。

「内向型人間」の強み

強み（1）：慎重である

相手を尊重している証拠

　慎重さは強みでもなんでもないように思われるかもしれません。でも実は強みなのです。慎重に行動する人は、人との付き合い方においても慎重です。ぶしつけな態度を取ったり、相手を威圧したりするようなことはしません。相手の意向を尊重し、理解することができます。自分の意見に固執することもありません。

　神経生物学的に見ると「内向型人間」は「安全追求型」、「外向型人間」は「報酬追求型」です。「慎重である」という強みは「安全追求型」の特性、言わばよい特性です。「内向型人間」は周囲をよく観察し、十分考えてからでないとリスクをともなうことに関わろうとはしません。とにかく危険を避けようとします……。

　リスクをともなうこととは、バンジージャンプや株式投資といったものだけではありません。コミュニケーションにもリスクはあります。「内向型人間」はやたらと比較したり、押しつけがましい提案をしたり、突発的なアイデアを口にしたり、挑発したりということはしません。他人とコミュニケーションする上で2つのことを大事にしています。1つ目は、相手に対してある程度距離を置くこと。「内向型人間」はそう簡単に自分をさらけ出そうとはしません。自分を感動させるものや動揺させるもの、また自分にとって大切なことは本当の友達にしか伝えません。ですが、それは相手を尊重して

いるからなのです。そして2つ目は、考えずにものを言ったり、決断したりしないこと。「内向型人間」は考えつくしたもの、確認しつくしたこと以外は口にしません。だから他人のあまり考えのない意見をネガティブに受けとる傾向があります。

慎重さが不安になると……
「内向型人間」は自分について、または自分が感動したものについて話をするときに慎重になりすぎることがあります。「外向型人間」はこれを「近寄りがたい」、または「愛想が悪い」と受けとります。「内向型人間」の慎重さは最悪の場合「不安」を招き、それが弱みになります。これについては次の章で説明します。

「内向型人間」の慎重さはたいていの人からよい印象をもたれます。なぜなら相手は真剣に向き合ってもらえていると感じ、気分よくいられるからです。「内向型人間」の意見は押しつけがましいところがないだけでなく本質をついていることが多い、というのも好印象をもたれる理由です。これが強み（2）です。

強み（2）：本質的なものを見出す

深い次元のコミュニケーション
「内向型人間」の脳は外界から受けとった印象を常に処理しています。見たものや聞いたものや考えを整理しているのです。つまり起きているときは常に（自分自身や他人について、意味について、理想と現実について）考えごとをしているということです。これは「内向型人間」の脳の特別な働きによるものですが、実はこの特性が「本質的なものを見出す力」（「内向型」脳のすばらしい能力の1つ）になります。この力に支えられた「内向型人間」は重要で的確

で正確なことしか言いません。深い意味のあること、つまり「本質的」なことしか語りません。そのため、「内向型人間」のコミュニケーションは深いものになるのです。

深い真の友情を大事にする
「本質的なものを見出す」という特性は、人間関係にもよい影響を与えます。「本質的なものを見出す」人は貴重な存在です。誰彼かまわず付き合うのではなく、限られた人とだけ真剣に付き合います。会話を大事にし、内容を誇張したり美しく見せたりしようとはしません。浅く広い人間関係より数は少ないけれど深い人間関係、つまり一生続く真の友情を築こうとします。こういう人のほうがよい人間関係を築きやすいのです。

受け身の印象
　しかし「本質的なものを見出す」人には弱点があります。それは「速い」コミュニケーションについていけないことです。コミュニケーションを自分が望むところまで深めようとするので、脳内の情報処理、特にものごとを吟味したり問題を解いたりするのに多くの時間を必要とします。それで「速い」話についていけなくて、周囲から「のろま」だとか、受け身だと思われてしまうことが多いのです（周りの人には彼らの脳の中で行われている情報処理が見えませんから）。

「本質的なものを見出す」人は、形式的なことや皮相的なものを大切とは見なしません。興味がないのです。実はこれがいろいろな場面で役に立ちます。深い内容の話をしているとき、学術的な議論をしているとき、哲学的な記事を読んでいるとき、会議で対策を練っているときなどに役に立つのです。

強み（3）：集中力がある

集中して成功する

「内向型人間」には高い集中力があります。ですから1つのことに長時間集中して取り組むことができます。なぜ集中力が高いのかは簡単に説明できます。「内向型人間」は「外向型人間」とは違い、何かに取り組むのに外界からの刺激や後押しを必要としないからです。これは長所です。なぜなら集中力が高い人は気が散りやすい人よりも仕事をうまくこなすことができるからです。

集中力からにじみ出る存在感

集中力のある人は目の前のことに全力でのぞみます。この集中力がオーラとなり自らの存在感を際立たせ、周囲を魅了します。「内向型人間」の静かな魅力は、たとえば講演会などで人々の心をとらえます。でもそこにはきらびやかなスポットライトやステージや大勢の聴衆は必要ありません。聞き手はただ自然と「内向型人間」に「引きつけられ」、耳を傾けます。「引きつける」ことはコミュニケーションにおける大事な要素です。どんな人も「自分を知ってほしい」という気持ちをもっています。多くの人を引きつける集中力は、そういう意味で「内向型人間」の宝と言えます！

「内向型人間」は相手と常に真剣に話そうとします。だから本質的で、奥の深い会話ができるのです。

強み（4）：人の話を聞くことができる

会話ではなくひとり言

「聞く力」はコミュニケーション能力の中で最も評価されることの

少ない能力です。たとえば「外向型人間」との会話では、聞き役に回ってしまったが最後、会話というよりむしろ相手のひとり言をただ聞かされているような状態になります。少しぐらい意見を言ったところで耳を傾けてはもらえません。相手は自分が話したいことしか考えていないからです。しかし真のコミュニケーションにおいて「聞く力」は強みになります。この力を活かせば、本当の会話、つまり互いに相手の言葉に耳を傾け、最後には理解し合えるような理想的な会話を成立させることができるからです。

「内向型人間」の多くは人の話を非常によく聞くことができます。生まれたときから何かを観察したり、外界の印象を処理したりすることに長け、その能力を、自分が得た情報を整理し、再評価するのに利用します。話し相手にとって大事なものは何か？　重要な情報はどれか？　何がどう関係しているか？　そう自問しながら他人が発した言葉の本質を見抜くのです。人の話を聞くことは能動的な行為です。3つ目の強みである「高い集中力」を活かせば「聞く力」はより強力になります。

「内向型人間」がもつ「聞く力」は、話をする側にとっては大変貴重なものです。「興味をもたれて」喜ばない人はいません。「内向型人間」は、人間関係を深めたり、交渉したり、争いを解決したりするために、こうした「聞く力」をもっと利用すべきです。

強み（5）：落ち着いている

外的な「落ち着き」と内的な「落ち着き」

「落ち着き」には2種類あります。外的な「落ち着き」と内的な「落ち着き」です。外的な「落ち着き」とは外界に雑音などの刺激

がないこと、つまり「静けさ」を意味し、内的な「落ち着き」とは精神的な安定を意味します。「内向型人間」は他人とコミュニケーションするときにその両方を大事にします。ですが本当の強みとなるのは内的な「落ち着き」だけです。ただし外的な「落ち着き」は何かに集中して取り組みたいときには必要です。

外的な「落ち着き」：落ち着いた環境でエネルギーをためる

「内向型人間」は集中したいとき、充電したいときに外的な「落ち着き」を必要とします。だから、深く考えたいときや忙しい日々が続いたときにはひとりになって静かな（落ち着いた）環境に身をおこうとするのです。日本などの「内向型」の文化では、会話の中に「沈黙（静かな時間）」を取り入れることをよしとする傾向があります。コミュニケーションの専門家も特定の状況では意識的に「沈黙」することをすすめています。ですから「内向型人間」は雑談（第6章）や交渉（第7章）を行う際には「沈黙」を巧みな会話の一部として利用すればいいのです。「内向型人間」は静かな時間を過ごしたり、落ち着いた環境に身をおけたりすると、情報を処理し、気持ちを落ち着かせることができます。それが不可能な場所にいると、神経質になったり、イライラしたり、疲労を感じたりしてしまいます。

静かな環境にいると健康でいられる

　人間は静かな環境にいると健康でいられます。フィンランド人を対象にした心臓病研究では、音に敏感な女性の平均寿命は圧倒的に短いという結果が出ました。これは聴覚的ストレスが身体的ストレスと関係している証拠です。ストレスをためこんだ人は心拍数が増えたり、血圧が上がったり、最悪の場合は脳梗塞や心筋梗塞を患いかねません。ですから音に敏感な「内向型人間」は健康には気をつけなければなりません。静かな時間をつくることは心にいいだけで

なく身体にもいいのです。しかしながら、静かな時間が「外向型人間」にとっても同じくらい身体にいいとは言えません。

　ユングは20世紀前半すでに、「内向型人間」は「外向型人間」ほど外界からの刺激を必要としないことを指摘していました。「内向型人間」の多くが、充電するしないにかかわらず静かな環境にいると心地よいと感じるのは、刺激をあまり必要としないからです。「内的生活」に十分な刺激があるので外界の刺激に心を奪われることがない、とも言えます。だから「内向型人間」は、深く考えたり情報を処理したりすることが得意なのです。「外向型人間」にとっても「内向型人間」のこの特性は貴重なものに映ります。ひとり静かに自分の心の要求に耳を傾けること、行動する前に考えることの大切さを教えてくれるからです。この点で、静かな環境を好むことも「内向型人間」の強みだと言えます。

内的な「落ち着き」：瞑想を習慣化する
「静けさ」とは単に外的な刺激がないことではありません。何千年もの歴史をもつ宗教を見ればわかるとおり、人間は心の中に「静けさ」をもつことで、自分自身について、他人について、人生についての「悟り」を開いてきました。こうした心の状態は科学的にも説明できます。私はこれを内的な「落ち着き」と呼んでいます。

　瞑想を習慣化している人の脳を見ると、内的な「落ち着き」がもたらす脳の変化を確認することができます。神経医学の研究では、瞑想している人の脳の特定の領域、幸福感や安堵感や世界との一体感を生み出す脳の領域が盛んに活動していることが観察されています。また瞑想中の人は、攻撃心や不安や強迫観念といった負の感情を生み出す脳の領域の活動が鈍くなることもわかっています。

集中力と「心の落ち着き」はつながっている

　瞑想をすると、よい刺激と悪い刺激を識別し、悪い刺激を無視することができるようになるそうです。悪い刺激を無視すると、余計なエネルギーを使う必要がなくなり、脳の機能も向上するといいます。これは内的な「落ち着き」を常に生活に取り入れようとする「内向型人間」にとってはよい知らせです。心が落ち着いていると本当に大事なことにだけ集中することができます。この意味で強み（3）と（5）はつながっていると言えます。心が落ち着いていればいるほど「集中力」は高まるのです！

　自分の心が落ち着いていると周囲の人の心も落ち着きます。口調を相手に合わせたり、ときどき沈黙したり、話し相手と一緒に考えたりすることができるからです。こうして、穏やかな人間関係を築くことができます。また雑談の場、激しい討論の場、交渉の場でもストレスをやわらげ、場の雰囲気をなごませることができます。

強み（6）：優れた分析力をもつ

外界の出来事から距離を置く

「内向型人間」なら誰でも優れた分析力をもつというわけではありませんが、多くがもち合わせていることは事実です。「内向型人間」は外界の出来事からなるべく距離を置こうとします。それは常に考えているからです。言いかえると、新たな情報を慎重に識別し、処理しているからです。それは、集中力と忍耐力（強み（3）と（8））があるからこそ可能になります。

左脳人間と右脳人間

「内向型人間」の中には特に優れた分析力をもつ人がいます。ここ

で、オルセン・レーニ博士が2002年に発表した「内向型人間」の2つのタイプを説明しておきましょう。人間はみんな、左脳の機能がより高い人間か右脳の機能がより高い人間かのどちらかです。ですから左脳の機能がより高い「内向型人間」もいれば、右脳の機能がより高い「内向型人間」もいます。「外向型人間」の場合も同じです。左脳は分析や計算や言語理解などの論理的思考を、右脳は直観的思考と視覚的思考をつかさどる脳の部分です。次の表を参考にして自分が「右脳人間」か「左脳人間」かを考えてみましょう。

左脳
- 右半身を制御する。
- いろいろな情報をまとめ、処理する。
- 書き言葉と話し言葉を理解する。
- 論理的に考える。事実を明らかにし、問題を解決する。
- 計算する。量を測る。
- 科学的に考える。
- 情報を常に取りこむ。

右脳
- 左半身を制御する。
- 個々のものを全体と結びつける。
- 感情やイメージや身体言語を理解する。
- 直観的に考える。共感する。
- 映像、型、形、空間を理解する。
- 芸術的表現をする（演劇や絵画や音楽など）。
- 個々に処理した情報を全体的に把握する。

この表は左脳と右脳の機能を簡単に説明したものにすぎません。

人間はどんな行為をするにも左脳と右脳の両方を使っています。ですから表にある機能は代表的なものと考えてください。

「右脳」の機能のほうが発達した「内向型人間」は、情報を主観的、直観的に把握します。つまり「心で理解する」のです。この種の「内向型人間」の多くは芸術的才能をもち、「左脳人間」よりも感受性が豊かで、即興で何かを行うことに長けています。また一度にいろいろなことをしなければならないときも「左脳人間」よりうまく対応できます。

「左脳」の機能のほうが発達した「内向型人間」はオルセン・レーニ博士が述べる「内向型人間」の典型に近いと言っていいでしょう。社交をあまり求めず、周囲と距離を置くこの種の「内向型人間」は、理論をもとにして客観的に考えることができるので、分析力に優れています！　常に環境を整え、精神的な落ち着きを維持しようとします。理知的に考えることができるので、感情的になることもあまりありません。ですが一度にいろいろなことをしなければならないときは「右脳人間」ほどうまく対応できません。ものごとを一つ一つ順を追って処理することに慣れているからです。実はこういう人こそが「優れた分析力をもつ」のです。

優れた分析力をもつ人の長所
　優れた分析力をもつ人は、調査、比較、追究が得意なのでものごとを深く掘り下げようとします。複雑に絡み合った情報を識別し、整理し直し、それを判断基準にしたり、それをもとに話し相手の意図をくんだり、問題の解決策を考えたりします。計画を練ったり、文章（特に数字を多く含んだ）をまとめたりするのも得意です。

優れた分析力は、細かなデータを取り扱ったり、情報を管理したり、理論を構築したりすることが大事な分野（システム管理、科学研究）、または問題を解決したり、リスクを回避することが重要な分野（医学、ＩＴ、技術開発）で大いに活かすことができます。

分析力にはストレスを緩和する力がある
　分析力には外界からの刺激、つまりストレスを緩和する力があります（特に「左脳人間」はこのことを知っておくべきです）。たとえば会議で論争が激しくなりすぎたとしましょう。優れた分析力をもつ人はまずこう自問します。今、大事なのはどの情報か？　誰がどういった考えをもっているか？　なぜ彼らはそう考えるのか？　こんなふうに情報を整理することで、状況を客観的に把握し、気持ちを落ち着かせ、ストレスを緩和します。この方法は特に神経質な「内向型人間」に向いています。これについては次章の「弱み（3）」で詳しく説明します。

強み（7）：自立している

　「内向型人間」が「外向型人間」と決定的に違っている点は、第1章でも述べたとおり、「外向型人間」のように周囲の評価を得たいと思ったり、外界から常に刺激を求めたりしないことです。この性格が「内向型人間」の自立心を支えています。

ひとりで満足できる
　「内向型人間」はひとりでいることを嫌だとは感じません。この点からも自立していることがわかります。自立している人は周囲の評価をあまり気にしません。ですから自分が正しいと思うこと、正しくないと思うことを意見としてきちんと言えたり、行動に移したり

できます。しかし「内向型右脳人間」はいつもそうとは限りません。なぜなら感受性が豊かなので、外界のものごとに対して敏感に反応し、周囲に流されてしまうことがあるからです（強み（6）を参照）。「内向型右脳人間」のよい例がイギリスの女優ティルダ・スウィントンでしょう。彼女は年上の画家兼作家との間に双子をもうけましたが（事実婚）、その後、破局。今は年下の芸術家と付き合っています。彼女はあるインタビューで「私の夢は6カ月間、ひとり自分のベッドで寝つづけることよ」と言ったそうです。これは典型的な「内向型右脳人間」の発言です。

自立しているとは「自由である」ことです。他人に同意を求めたりせずに、自らの責任で決断し、行動することです。しかしそうあるためには、人付き合いや共同生活やチームワークを犠牲にしなければならないこともあります。

無我でいられる

もっと質の高い自立もあります。これは無我と言ってもいいでしょう。人格が成熟し、自立している人は、虚栄心や名誉欲や自己顕示欲をもとに行動したりはしません。社会全体や本質的なもの（強み（2））、他人や他人の気持ち（強み（10））を一番に考えて行動します。ここで知っておいていただきたいのは、自信がなくては無我にはなれないということです。

強み（8）：辛抱強い

目標を目指しつづける忍耐力

辛抱強さというのは、たとえ風当たりが強くても、成功するまでに時間がかかっても、1つのこと、1つのアイデアに「踏みとどま

る」ことです。「踏みとどまる」とは「固執する」ことではありません。「固執する」とは柔軟性がないこと、コミュニケーションでは自分の意見にこだわりつづけることを意味します。ここでいう辛抱強さとは「目標を目指しつづける忍耐力」のことです。

「内向型人間」は仕事をしているときも辛抱強さを発揮します。「荒波にもまれる」覚悟で仕事に徹底的に取り組みます。強い意志をもって1つのことに専念し、「外向型人間」のように他に気を取られたり、すぐに飽きてしまったりはしません。

成功するための忍耐力
辛抱強いと、計画したり、大事な会話をしたり、交渉したりしやすくなります。どうすればうまくいくのか、どういう考えが重要なのか、どこに交渉の余地があるのかを辛抱強く考えるからです。これは「外向型人間」がもとうとしても、もてない特性です。何かを究める人は辛抱強くなくてはなりません。「ある専門分野を究めたいなら、その分野に1万時間以上費やさなければならない」と言ったのは心理学者のアンダース・エリクソンでした。

キュリー夫人に見る辛抱強さ
辛抱強かったために成功した人の典型がノーベル賞を2度受賞した科学者、キュリー夫人でしょう（1903年ノーベル物理学賞、1911年ノーベル化学賞受賞）。研究者としての彼女の人生はまさに紆余曲折でした。ロシア占領下の母国ポーランドで大学入学資格を得られなかった夫人は、フランスに留学することを余儀なくされ、女学校で教鞭をとりながら学費を稼いで研究を続けました。そして実験を何百回も失敗させ、繰り返した末に放射性元素ラジウムを発見したのです。辛抱強く研究を続けたからこそ成せた偉業です。

強み（9）：書くことが（話すことより）得意

「内向型人間」が好む手段

「内向型人間」の多くは、話すよりも書くほうが得意です。友達とは手紙やショートメッセージやＥメールやブログやフェイスブックなどでコンタクトを取り、自分自身でも日記、予定表、文章を書くことを好みます。書くという行為は「内向型人間」にとってうってつけの表現手段です。なぜなら十分考えてから言葉にできるからです。書くという行為は時間的に制限されません。余裕をもって相手とコミュニケーションを取ることができます。相手からせかされることもありません。マイペースで自分を表現することができるのです。

書き言葉によるコミュニケーションの長所

書き言葉が好きな「内向型人間」は、それを仕事でも活かすことができます。電話が嫌ならＥメールを書けばいいからです。そのほうが内容が確実に伝わります。またイントラネットなど社内ネットワークシステムを利用し、同僚とメッセージでやりとりすれば気兼ねなくいろいろなことを尋ねられます。自分の知識を増やすこともできます。プロジェクトチームの目標もミーティングを開いてだらだらと説明をするよりは、文書で簡潔に説明するほうが効率がいいはずです。社内には他にも「内向型人間」がいます。ですから会議を開く場合は、書き言葉を好む「内向型人間」のためにレジュメは必ず作成すべきです。「内向型人間」は議論の主旨を文章で把握することによって、落ち着いて考え、意見を述べることができるからです。

でも、書き言葉によるコミュニケーションが常にいいとは限りま

せん。だから「直接話をしたくないから」という理由だけで書き言葉ばかりを選ぶのは正しい方法とは言えません。状況によって使いわける必要があります。

強み（10）：人の気持ちがわかる

直観という「強み」

　人の気持ちがわかる「内向型人間」は、話し相手をよく理解することができます。これはコミュニケーションのテクニックなどではなく、優れた直観という「内向型人間」がもつ能力の1つです。この能力をもっていると、相手が何を考えているかを即座に認識し、そこから相手が必要としていること、求めていることを把握することができます。言いかえると、相手の気持ちに寄り添うことができる、つまり「共感」することができるということです。特に「内向型」の「右脳人間」は「繊細すぎる」ところがありますが、この能力に優れています。

ミラーニューロンが「共感」を呼ぶ

　神経生物学者によると、人間の脳の中にあるミラーニューロンという神経細胞が「共感力」をつかさどっています。「内向型人間」も「外向型人間」もミラーニューロンをもっています。ではなぜ、「内向型人間」のほうが「共感力」に優れているのでしょうか？　答えは強み（7）の「自立心」にあります。「内向型人間」は「外向型人間」とは違い、周囲から評価されたり、認められたりしたいとはあまり思いません。相手が自分より立場が上であるか、面白いか、成功しているかといったことにもあまり興味がありません。「内向型人間」の多くは心の中に自分なりの「評価基準」をもっていて、常に自分で自分を評価しています。だから他人からの評価を

気にしないのです。その分、他人がもつ特性や要求に、より多くの注意を注ぎます（これは、分析したり情報を整理したりするのが得意だということとも関係しています）。他人の要求や特性に気づけば、自分の言動を調整することができます。すると結果的に相手の気持ちに寄り添うことになるのです。

「共感」をとおして信頼関係を築く

「内向型人間」が高い「共感力」をもつのは、周囲をよく観察し、印象や情報を処理するのが得意だからです。高い共感力をもつとは人の気持ちがよくわかるということです。ですから「内向型人間」は周囲の人間から信頼されます（「外向型人間」もそんな「内向型人間」と一緒にいると「自分は受け入れられている」と感じ、リラックスできます）。さらに「本質的なものを見出す」、「人の話をよく聞く」、「優れた分析力をもつ」という強み（2）（4）（6）を同時に活かせば、コミュニケーションの達人になることもできるのです。

「人の気持ちがわかる」人は、上手に妥協でき、本当の意味で社交的に振る舞える人です。利害関係に固執せずに、中立的な立場に立ち、ものごとをいろいろな角度から眺めることができます（世界は自分を中心に回っているわけではないことを知っています！）。また相手を理解し、相手とともに解決策を探そうとするので争いを避けることができます。攻撃的になることもありません。なぜなら他人を攻撃してもストレスが増えるだけで、何の解決にもならないことを自覚しているからです。

ただし「共感力」は、不安をかかえたり、刺激の非常に多い環境に置かれたりすると、鈍くなることがあります（次章の弱み（1）

（3）を参照）。

あなたの強みはどこにありますか?

自分の強みを評価する

この章の最初にも書いたとおり、「内向型人間」は自分の特性を高く評価するのではなく、むしろ批判的に見る傾向があります。でもここまで読み終えたみなさんなら、それが間違いであることがわかるはずです。あなたの強みを自覚できたでしょうか? まだ自覚できていなくても心配することはありません。次の3つの質問に答えてください。そうすれば何かに気づくはずです。まずは自分を批判的に見ることをやめて、自分の中にある強みを感じようとしてください。

あなたへの3つの質問

1　あなたが理想とするのはどんな人ですか?

その人はどんな強みをもっていますか?

2　あなたが好きな人、尊敬している人は誰ですか? その人なら、あなたの強みはどこにあると言うでしょうか?

3　あなたはどの強みをもっていますか？
＊質問1、2の答えの中に出てくる強みにチェックマークをつけましょう！

強み（1）：慎重である　☐
強み（2）：本質的なものを見出す　☐
強み（3）：集中力がある　☐
強み（4）：人の話を聞くことができる　☐
強み（5）：落ち着いている　☐
強み（6）：優れた分析力をもつ　☐
強み（7）：自立している　☐
強み（8）：辛抱強い　☐
強み（9）：書くことが（話すことより）得意　☐
強み（10）：人の気持ちがわかる　☐

その他の強み

___

私は
左脳型人間　☐　　　　　右脳型人間　☐　です。

私の最大の強みはこの3つです：

（1）

（2）

（3）

理想は自分の鏡

　もしかしたらあなたは質問1の答え（理想の人がもつ強み）を自分自身の強みとして質問3に書きこむことに違和感を覚えたかもしれません。ですが、これには理由があります。理想は自分の鏡です。私たちは自分がもつ大事な特性を無意識のうちに理想に反映させています。たとえば社会的地位や経済的成功を大事とする人は、マザーテレサ（彼女も内向型人間でしょう）ではなくロックフェラーを自分の理想とするでしょう。学問に情熱を捧げている人は、レディー・ガガではなくアインシュタイン（彼も内向型人間でしょう）を理想とするでしょう。こう考えると、理想の人がもつ特性は、多かれ少なかれ自分の特性であることがわかります。

自分の強みを大事にする

　自分の強みを見つけたら、それを自分の誇りにしましょう！　そしてその強みを大事に育んでいくのです。するとあなたの強みはいつしか重要な心の支えになります。ポジティブ心理学の専門家たちも、自己改革したい人には自らの強みを意識し、それを活用することをすすめています。ストレングスファインダーやライス・プロフィールといった人格テストに強み分析が含まれているのはこのためです。ここで言えるのは、自分の弱みを失くそうと努力するよりは強みを強化していくほうが自分のためになるということです。自分の才能を開花させられるからです。他人のまねをしたり、自分の弱

さを消そうとしたりして無駄な努力をするよりはずっと確実に成功に近づけるはずです。

あなたへの４つの質問

学生時代を思い出してみましょう。
どの教科が苦手でしたか？

努力して苦手な教科の成績をどれほど上げられましたか？

成績の上がり具合

勉強しているときの楽しみ具合

どの教科が得意でしたか？

得意な教科の成績は、苦手な教科の勉強と同じくらいの努力をすることでどれほど上げられましたか？

成績の上がり具合

勉強しているときの楽しみ具合

自分の強みをコミュニケーションで活かす
　私たちは学校で人生について実に多くのことを学びます。自分にとってよいものと悪いもの、喜びをもたらすものともたらさないもの、成功をもたらすものともたらさないものを知るようになります。それさえわかれば、あとは自分の強みをさらに強化するのみです！まずは自分の強みをコミュニケーションにどう活かせるか考えましょう。最大の強み以外の強みについても考えてみてください。そしてコミュニケーションの改善法を探るのです。最初の例に従い、あなたの「強み」について書きこんでみましょう。

私の強み	コミュニケーションにこの「強み」を活かすと何ができるか	この強みを活かせる状況
例）本質的なものを見出す。	相手と深い話ができる。	相手のことをよく知っている場合。お互いにリラックスしているとき。

自分の強みを大事にする

　さあ、だんだんと自分の強みが見えてきたはずです。これからは自分の強みを大事にしましょう。まずは、人とコミュニケーションする前や、している間に自分の強みを意識することを心がけてください。そしてその強みを最も有効的に活かせる環境を自ら整えるのです。すると効果が出てきます（私が保証します）。最大の強みだけでなく小さな強みも意識して活かしていけば、コミュニケーションの可能性はより広がります。もちろん自分を上手に表現することもコミュニケーションの大事な要素ではあります。ですが、まずは強みを意識することからはじめてください。

まとめ

・「内向型人間」がもつ典型的な強みがあります。この強みを活かせば自分とも他人ともうまく付き合っていけるようになります。ものごとを上手に処理できるようにもなります。

・「内向型人間」の強みは、「慎重である」、「本質的なものを見出す」、「集中力がある」、「人の話を聞くことができる」、「落ち着いている」、「優れた分析力をもつ」、「自立している」、「辛抱強い」、「書くことが（話すことより）得意」、「人の気持ちがわかる」の10項目に分けることができます。

・自分の強みを強化し、それを活かすことができれば、他人と上手にコミュニケーションできるようになり、よりよい人生を送ることができます。

第3章 「内向型人間」の弱み

強みの裏側にあるもの

　本章のテーマは「内向型人間」がコミュニケーションで活かせる強みの裏側にあるもの、つまり、弱みです。影なくして光もないように、弱みなくして強みもありません。「内向型人間」の脳にすばらしい機能があるのなら、同じように欠陥もあるのです。また強みを活かせばすべてのコミュニケーションが円滑にいくというわけでもありません。悪い結果をもたらすこともあります。完璧なものなどこの世にはないのですから！

　「内向型人間」の強みは集中力や本質を見出す力や分析力といった「内向きの力」です（この他にも強みがあることは前章で書いたとおりです）。この「内向きの力」の裏側にあるものが「外向きの力」です。多くの人間と関わるエネルギーや、仕事で成果を出したり、争いごとに立ち向かったりする能力のことです。

「ストレスポイント」を自覚すること

　「弱み」や「弱点」といった言葉は少しわかりにくいかもしれません。「ストレスを感じるポイント」といったほうがわかりやすいでしょう。私たちは常に「ストレスポイント」を自覚していなくてはなりません。そうすることで自分の心の要求を知ることができるからです。たとえば他の人と会いすぎるとストレスを感じる人がいるとします。この人はこの「ストレスポイント」を自覚しておけば、さほどエネルギーを使わずに他人とコミュニケーションする方法を

考えるようになります。また争いごとが嫌いな人は、それを意識することで、誰かと意見が対立しても冷静に対応しようとします。要するに「ストレスポイント」や「弱み」とは心の要求の現れであり、適切なコミュニケーションの基準になるものなのです！

次に「内向型人間」がもつ典型的な弱みと心の要求をまとめました。

「内向型人間」の弱み

弱み（1）：不安をかかえやすい

不安とは脳の奥にある大脳辺縁系と扁桃体と呼ばれる部分に生じる強力な衝動のことを言います。そこで生じた不安は私たちの無意識にまで入りこんできます。無意識にとどまる不安はコミュニケーションを妨害するおそれがあります。だから自分の不安をよく知ることが大事なのです。

適度な不安と適度でない不安

不安をかかえることは悪いことではありません。適度な不安は私たちが無謀な行動に出るのを抑えてくれるからです。泳げない人が飛び込み台から海へ飛びこんだりしないのは不安だからです。また不安は危険を知らせてくれます。バンジージャンプをするときに、むやみに勢いよく飛び下りたりしないのは、足首につけたゴムバンドだけが命綱だと思うからです。不安は適正な度合いで起きれば、私たちを守ってくれます。これはコミュニケーションにおいても同じです。不安が「それはやめたほうがいい」、「動くな！」、「出しゃばるな！」、「話すな！」、「危険をおかすな！」といった指示を出す

のです。会社の会議に参加すると、みんなが自分の不安を基準にして話をしていることがわかります。

不安を感じやすい内向型
　では不安が適度でないとはどういうことでしょうか。簡単にいうと不安が邪魔になったり、妨げになったりするということです。たとえば不安のせいで大事なこと（講演会やプレゼンテーションや討論）をうまくできない場合があります。こう書くとあなたは「でも『内向型人間』も『外向型人間』も同じくらい不安をかかえていませんか？　不安は誰もがもつものですよ！」と言うかもしれません。あなたの意見は正しいですが、間違ってもいます。不安は人間みんながもつ基本的な感情です。不安をもたない人などいません。この意味であなたの意見は正しいです。でもコミュニケーションにおいては不安が内向きであるか外向きであるかで、結果が大幅に変わってくるのです。「内向型人間」は不安をかかえると他人と円滑なコミュニケーションができなくなります。一方「外向型人間」は不安をかかえていてもコミュニケーションを成立させることができます。なぜ、こんな違いがあるのでしょうか。それには理由があります。

　「内向型人間」は「外向型人間」ほど多くの人間関係や外界からの刺激を必要としません。だから他人とコミュニケーションしたいという要求も不安を克服できるほど強くはないのです。そのためコミュニケーションすることが難しくなります。一方「外向型人間」は他人とコミュニケーションしたいという要求や憧れが強く、そのパワーで不安を克服することができます。

　「内向型人間」は常に考えごとをしています。だから「外向型人間」より多くの葛藤を心の中にかかえ、不安も感じやすいのです。

不安をもちすぎると行動力や積極性を失い、他人とうまくコミュニケーションできなくなります。

　さらに「内向型人間」は「安全」を求める傾向があります（第1章を参照）。「安全追求型」の「内向型人間」の脳はリスクをすばやく確実に察知します。だから不安も感じやすいのです。不安が言動を規制するようになると、人とうまくコミュニケーションできなくなります。そしていつしか、それが人格に固定されてしまうのです。

不安と向き合う

　ではどうすれば「内向型人間」は不安を克服し、大事なことを行動に移すことができるのでしょうか？　これは難しい問題です。でも解決できない問題ではありません。対処法はあります。不安は無意識にひそんでいるものなので、不安を意識すればコントロールできるようになるからです。この基本はどんなときも変わりません。私がこれから紹介する不安の対処法には共通点があります。それは「不安から逃げないこと」。不安に立ち向かっていく方法を説いていることです！

基本的な不安の対処法
段階（1）：意識して不安を受け止める
　小さい子供はよくベッドの下にお化けがいるかもしれないと言ってこわがります。不安克服の第1段階もこのお化け不安症の治療法に似ています。ベッドの下にランプを置き、お化けを退治すると子供の不安はおさまります。要は、不安に光を当てる、積極的に関わろうとすることです。

段階（２）：「なぜこれをすることが大事なのか」、「なぜ不安をかかえてもやりとげなければならないのか」を意識して考える

　決断しましょう。不安に振りまわされないことです。何かを実行に移そうとすると脳内で自動的に不安が生じます。ですがそこで、危険をおかしてでもやる価値があるのだと自分に言い聞かせ、決行するのです。

　これはあなたの快適ゾーンを広げるチャンスでもあります。不安を真正面から受け止め、目的に達するためにはおかすべき危険もある、と冷静に考えてみましょう。

不安を声に出してみる
　不安のもとになっているのは変化をおそれる気持ちです。人間の脳は基本的に変化を害とみなします。不安を感じやすい「内向型人間」の脳はなおさらです。目をつぶっていても歩けるほど歩き慣れた道に別れを告げ、新しい道を選べば、困難に突き当たるのは当然です。なぜならこれまでの習慣が通用しないからです。習慣が通用しなければ、意識的に行動するしかありません。アメリカ人作家、セス・ゴーディンは著書『「新しい働き方」ができる人の時代』（三笠書房、神田昌典訳、2011年）の中で「不安を声に出せば、不安を退治することができる」という画期的な方法を説いています。たとえば「私は講演をするのがこわい。聴衆の中に私と反対意見の人がいるからだ」と大きな声で言うと不安をやわらげることができると言います。

脳の中に新たな神経路を開拓する
　これは神経生物学的な観点からすると最良の方法です。意識や思考をつかさどる大脳皮質には、不安中枢とも呼ばれる扁桃体を安定

させる力があります。ですから何かを行うのに不安があるときは、「なぜ不安をかかえてもやりとおさなければならないのか」を意識して考えることです。すると脳の中に新たな神経路が開拓され、精神的キャパシティーを広げることができます。それを続けていくと神経路が安定し、同じような行為をしても不安中枢が以前ほど活発には反応しなくなります。たとえば人前で話をしても取り乱すことなく、多少緊張する程度ですむようになるのです。

弱み（2）：細かいことにこだわる

細かいことが好き

「内向型人間」の多くは細かいところまで注意します。なぜなら優れた分析力をもっているからです。特に、「内向型左脳人間」は分析力が高いと言われています（第2章、強み（6）参照）。分析力とは、全体を細かく分け、詳細を見る力のことを言います。しかしこの能力が高いと不利になることもあります。細部にこだわりすぎると、全体を把握できなくなるからです。大事なことを見失ってしまうのです。

もちろん細かいことにこだわる性格が有利になる場合もあります。たとえば決算報告書をチェックし、間違いを見つける場合などです。でも残念ながら、コミュニケーションの場では不利になることのほうが多いです。話し合いや討論や交渉の場で細部にこだわりすぎると話の全体像や話し相手の要求が見えなくなるからです。さらにこの性格に完璧主義が結びつくと、すべてを確認せずにはいられない「コントロール狂」になる可能性もあります（管理職につく人がこれだと大変なことになります）。また、細部にこだわりすぎると日常会話もうまくできません。この対処法については第6章に詳しく

書いています。

弱み（3）：繊細すぎる

刺激が多すぎるのが嫌

　繊細すぎるとは、刺激が多すぎるためにエネルギーを奪われやすい状態のことを言います。外界から一度に多くの刺激を受けると耐えられなくなるのです。騒音も刺激の１つです。「内向型人間」は特に音に敏感です。うるさい場所にいると集中力（強み（３））や落ち着き（強み（５））を保てないからです。

焦らされるのが嫌

「内向型人間」は焦らされることも嫌いです。たとえば、話し相手から決断を迫られたり、早口で話しかけられたり、身振り手振りで急いでいる（貧乏ゆすりをしたり、時計をちらちら見たりする）ところを見せつけられると耐えられなくなります。

　要するに、何であれ過剰なことが嫌いなのです。過剰なものに触れると疲れ、人と会いたくなくなります。これは周囲にとっては理解しがたいことです。ですから「内向型人間」は慎重に人と付き合い、意識的に言動を選ぶ必要があるのです。

　繊細すぎる人がかかえる一番の問題は、過剰なことを避けるあまり、受け身になったり（弱み（４））、臆病になったり（弱み（５））、人付き合いを避けたり（弱み（９））して、他人とうまくコミュニケーションできなくなることです。こうなると、交渉中に相手から威圧されたり、華々しい社交の場に呼ばれたり、過激な討論に巻きこまれたり、公演中に聴衆がざわついたりしただけで何もできなく

なり、それまでの努力を無駄にしてしまうことにもなりかねません。

エネルギーの源を見つける

　すでに書いたとおり、「内向型人間」は「外向型人間」とは別の方法でエネルギーを調達します。静かな場所に身をおいたり、ひとりの時間を過ごしたり、ゆっくりと考えたりして充電するのです。「内向型人間」は人付き合いに「外向型人間」より多くのエネルギーを費やします。また「慌ただしい」日常生活も苦手ですぐに疲れてしまいます。常に仕事の邪魔が入ったり、電話が鳴ったり、客が来たり、子供がとんでもないことをしたりするような環境には耐えられません。

　つまり「内向型人間」にとってひとり静かに過ごしたいという要求は、やむにやまれぬ強い要求なのです。この要求が満たされないと問題が起こります。たとえばエネルギーが尽きかけているのに充電の時間をもたずにいると「疲労困憊」してしまいます。そうなると会話や議論にも参加せず、人を避けるようになります。タンクが空っぽの状態では何もかもがストレスになるからです。

　ひとり静かに過ごしたいという要求をあまりもたない「外向型人間」はこういった「内向型人間」の態度を理解することができません。避けられている、無視されていると勘違いします。「内向型人間」が職場で、協調性や実行力に欠ける、あるいは傲慢と見なされやすいのはこのためです。それはキャリアを積みたい人にとっては致命的と言っていいでしょう……。

エネルギー獲得法

　「内向型人間」は常に、ひとりで静かに過ごしたいという要求と闘

っていなくてはなりません。これが疲れのもとになります。最悪の場合、燃え尽き症候群に陥る恐れもあります。エネルギーを酷使することは大変危険です。どうか気をつけてください！　実は、ひとりで静かにすごしたいという要求を受け入れたほうが人間関係もうまくいきます。ここで、エネルギーを上手に調達し、維持する方法をご紹介します。まずは基本的な方法を学びましょう。具体的な方法についてはテーマごとにこの後の章で説明します。

基本的なエネルギー管理法
1　エネルギーを奪うものとは考えて付き合う：どういった場や人間があなたからエネルギーを奪っていきますか？　そこに行ったり、その人に会ったりする回数をできる限り減らしましょう。それができない場合は、あとで必ずひとり静かにすごす時間をつくりましょう。

2　ひとり静かにすごす時間を定期的につくる（毎日少なくとも30分、毎月半日、毎年1週末または、1週間）：わざわざ遠い場所に行く必要はありません。日常から少し距離を置けばいいのです。ひとりですごす時間は自分の好きなことをしましょう。夢想したり、読書したり、写真を撮ったり、散歩したり、深く考えたり、タカが飛ぶのを観察したり、昼寝したり、瞑想したり、数独を解いたり……、とにかくそのときの自分に合うことをするのです！

3　ひとり静かにすごす時間と運動を組み合わせる：どういう運動があなたにエネルギーをもたらすか考えましょう（どういう運動がもたらさないかも）。「内向型人間」の多くは、同時にひとりの時間を楽しめる運動が好きです。たとえば山歩き、ウォーキング、サイクリング、水泳、ヨガ、ピラティスなどです。その他の運動につい

ては第4章の121ページを参考にしてください。

弱み（4）：受け身になる

もの静かであることと受け身であることは違う

　もの静かであることはよくても、受け身であることはよくありません。両者には大きな違いがあります。もの静かである（強み（5）の意味で）とは、集中したり追究したりできる心の状態にあることを意味します。一方、受け身とは拒絶することです。積極的に行動するのを拒むことです。受け身の人は自信のなさや頑固さや不安にとらわれ、何もしようとしません。ただ現状を傍観するだけで、変えようとしません。代わり映えしない生活を送り、人間関係にも恵まれません。

小さな声では話を聞いてもらえない

　自信のなさや不安は声にも表れます。「内向型人間」の多くはとても小さな声で弱々しく話します。でもゆっくり静かに話したとしてもそこに抑揚をつけるだけで印象を強くしたり、重要さを相手に伝えたりすることができます。反対に、ゆっくりでも早口でも、抑揚をつけずに弱々しい声で話をすると、周囲の人間（特に「外向型人間」）から「弱い人」と思われてしまいます。すると真剣に話を聞いてもらえない、話の重要さをわかってもらえない、最後まで話を聞いてもらえない、ということになります。

攻撃されて黙りこまない

　受け身の人は攻撃されると黙りこんでしまいます。抵抗しなければすべて丸く収まるだろう、と思うからです。ですがこれは逆効果です。相手の無礼な言動を一度許してしまうと歯止めがきかなくな

ります。

　しかし「内向型人間」が受け身になるのには理由があります。受け身になると、気持ちを落ち着かせ、外界の刺激に敏感（弱み（3））になりすぎずに、エネルギーの消耗を抑えることができるからです。ですがそんなふうにエネルギーを節約してばかりいると生活に活気がなくなってしまいます。積極的に行動しない。自分では決断や要求をしない。他人に影響されるばかり。ものの見方を変えることもない。ただ自己満足に陥っているだけ。こういう状態ではキャリアを積んだり、よい人間関係を築いたりすることはできないでしょう。他人のいいように扱われる人生を受け入れてしまえば、自分の人生は自分で切り開くという感覚を失ってしまいます。なんと悲しいことでしょうか！　この対処法（特にコミュニケーションの場での）については第6章に詳しく説明しています。

「内向型人間」には考える時間が必要

　誤解のないようにここで一つ明らかにしておきます。「内向型人間」はじっくり考えてから話をします（強み（2）：本質的なものを見出す）。そのため受け身だと思われてしまいがちです。でも、それは間違いです。「内向型人間」はただ時間をかけて外界から得た情報や印象を処理しているだけです。それなのに「外向型人間」は「内向型人間」の返事が遅いと、自分ひとりで話をすすめようとします。「内向型人間」が一生懸命考えて話をしようとしていることがわからないからです。そして「内向型人間」を「受け身の人」と見なすようになります。「内向型人間」は主に熟考や理論の組み立てといった目に見えない活動をしています。そのことを知ってもらうためにも、電話したり人と会って話をしたりしているときに考える時間が必要になったら、そのことをはっきりと相手に伝える必

要があります。

考える時間が必要になったら言うべき言葉
「少し考えさせてください」
「時間がないことはわかっていますが、この件については改めてご連絡差しあげます」
「もう少しわかりやすく説明していただけませんか？」
「ちょっと待ってください」
「それについては、あとで電話でお話しさせていただいてもかまわないでしょうか？」
「もう一度確認してからご連絡差しあげます。明日の午前中はいらっしゃいますか？」

　ここで大事なことは、自分が口にしたことは必ず実行することです。考える時間を与えられたら、それ相応の返答をしなければなりません。これはある意味、チャンスです。こんなときこそ自分の考えをしっかりと述べ、「内向型人間」の本質を見出す力と優れた分析力をアピールしましょう！

弱み（5）：嫌なことから逃げる

後回しにしても何も片付かない
　受け身は状態でしかありませんが、逃げることは行為です。ただしネガティブな行為です。逃げるとは一歩下がって直接的な影響を避けようとすることです。つまりストレスから逃げようとすることです。ストレスをかかえる人は現状から逃げ出そうとしたり、気晴らしを求めたりします。心の重荷になっているもの、いわゆる「しなければならないこと」を「後回し」にしようとします。たとえば

スピーチの準備や上司との昇給交渉にストレスを感じる人は、そういったことをなるべく後回しにしようとします。

　逃げることはエネルギーを保持する手段でもあります。その一方で私たちから積極性を奪い、成功を遠ざける要因にもなります。なぜなら不安にとらわれ、気楽さだけを求めていると、大事な人と関わる機会を失ってしまうからです。また大切なことを後回しにするといつかつけが回ってきます。スピーチの準備を後回しにすると、結局短期間で準備をしなければならなくなり、考える時間を十分必要とする「内向型人間」は多大なストレスをかかえることになります。上司との昇給交渉を後回しにしていると、同僚の方が先に昇給を受けることにもなりかねません。

弱み（6）：頭でっかち

　頭を使うのはいいことです。「内向型人間」はものごとの本質を見出したり、分析したり、心の落ち着きを保つことに長けた思考のプロです。

頭を使いすぎるのはよくない
「頭でっかち」とは、「内向型人間」がもつ優れた思考力の短所のことです。人間は考えすぎると感じることができなくなります。自然な感情が抑圧されて理屈ばかりで判断するようになります。こうなると人とコミュニケーションすることが難しくなります。「頭でっかち」な人は話し相手の気持ちをくみ取ることができません。会話しても相手の感情を無視し、情報を交換しているだけの状態になります。

相手の感情を過小評価しないこと

　感情を無視すると大変なことになります。プライベートの場だけでなく、職場でも個人の感情は大きな役割を担っています。交渉しているとき、ミーティングをしているとき、ランチを食べながら同僚と会話するとき、グループでプレゼンテーションするとき。どんなときも私たちが受けとる情報とは、事実だけで成り立っているわけではありません。その大部分は感情的なものです。コミュニケーションについて研究する心理学者は「事実は情報の20パーセントを占めているにすぎない」としています。残りの80パーセントは感情的なものや相手との関係性であるというのです。

　あなたは「頭でっかち」ですか？　もしそうなら交渉の仕方について書いた第7章を参考にしてください。「頭でっかち」になりすぎないためにはどうすればいいかが説明されています。

弱み（7）：自己否定する

心の要求を押し殺すと……

　自己否定という弱みについて考えることはとても大切なことです。人間関係に大きく関わることだからです。自己否定とは、自分の性格と心の要求をネガティブにとらえ、押し殺すことです。これは「外向型」の環境に身を置く「内向型人間」によく見られる心理状態です。自己否定とはまず文化的な問題です。たとえば「外向型」のコミュニケーションが大事とされるアメリカのような国では「内向型人間」は多かれ少なかれ「自分は他の人とは違う」と感じます。だから「内向型人間」についての本がアメリカで最も多く出版されているのでしょう。

他人や自分を疎外する

　自己否定は、「外向型人間」が多い家族や職場に身をおく「内向型人間」にもよく見られることです。ローリー・ヘルゴーは2008年に自著の中で「外向型」の環境に生きる「内向型人間」が陥りやすい２つの問題を指摘しています。１つ目は「社会、つまり他人を疎外すること」。つまり、人との関わりを避ける（弱み（9））こと。２つ目は「自分を疎外すること」。これこそが自己否定です。

　自己否定にもいろいろな形があります。たとえば第１章で述べたような「コミュニケーション能力のある内向型人間」、つまり「柔軟性のある内向型人間」は自信を失うと「外向型」のコミュニケーションこそが理想的なのだと思いこんでしまいます。そして「自分は「外向型人間」のようには行動できない。多少はできるとしても同じようなよい結果は出せない」と自己否定し、自分の特性や心の要求を過小評価してしまうのです。「コミュニケーション能力のある内向型人間」、「柔軟性のある内向型人間」といっても所詮は「内向型人間」です。人と関わることが好きでも、好きである気持ちは「外向型人間」ほど強くはないのかもしれません……。

弱み（8）：柔軟性に欠ける

頑固になってしまったら

　柔軟性に欠けるとは、言いかえると、頑固であるということです。この弱みが顕著な「内向型人間」は、人と円滑なコミュニケーションを行うことができません。習慣を変えること、たとえば、いつもとは違う時間に仕事をしたり、慣れていない場所に出張に行ったりすることも嫌がります。また議論の場では、妥協できなかったり、全体を見ずに細かいことにこだわったりします。

柔軟性に欠ける「内向型人間」は交渉や議論の場で、判断基準や問題の解決法を見出せないばかりか相手の要求にも耳を傾けられない傾向があります。それをどう乗り越えるかは、第7章で説明します。

　「内向型人間」の多くが柔軟性に欠けるのは、エネルギーの消耗を最小限に抑えようとするからです。この原理は他の9つの弱みにも当てはまります。でもエネルギーを節約したいからといって、同じことばかりしていると、いつしか自分で決定し、行動することができなくなります。そうなると決めごとや習慣にしたがって生きていくしかありません。

決めごとの長所
　決めごとに従うことが常に悪いわけではありません。コミュニケーションの場では長所になる場合もあります。特定の状況下では決めごとにしたがったほうが心を落ち着けて適切に行動できるからです。たとえば職業上、人を引き合わせる機会が多いなら、次のような決めごとをつくっておけばどんな人も上手に紹介することができるでしょう。

1　誰を先に紹介するかを決める（職位の低い人から、など）。

2　名前と役職の他に伝える情報を考える。共通の趣味（演劇鑑賞やボクシング）や職業分野の共通点（教育や科学）や最新情報（受賞や昇進）など、会話のきっかけになることを探す。

状況を見て柔軟に対応する
　日常生活ではこういった決めごとにしたがうほうが楽です。これまでの経験をもとに決めごとをつくっておくと無駄なエネルギーを使う必要がなくなり、節約したエネルギーをもっと大事なことに注ぐことができるからです。しかしビジネスシーンなどの特別な場でこういった決めごとにしたがってしまうと、柔軟性を失い、人とうまくコミュニケーションできなくなってしまいます。ある刺激（交渉相手が反対意見に執着するなど）に対して同じ反応（黙りこむ、または細部を指摘する）ばかりしているとコミュニケーションは成立しません。それどころかしまいには話し相手のペースにのせられてしまいます。手ごわい交渉相手にも手の内がばれてしまいます。「行動パターン」を決めてしまえば楽でいいかもしれません。ですがその代償はとても大きいのです。柔軟性を失った人は、重要なことを見すごし、自らの力で現状を乗り越える力をも失ってしまいます。

弱み（9）：人付き合いを避ける

人付き合いを避ける理由
「内向型人間」は広く浅い交友関係ではなく、狭くても深い人間関係を求めます。これは悪いことではありません。でもこの特性が社交嫌いに傾くと問題です。「内向型人間」の中でも「内向型」の特性が強い人ほど人間関係のストレスを感じやすく、社交嫌いに陥る可能性は高いと言えます。社交嫌いになると心を閉ざし、他人を避けようとします。ひとりで家にこもり、習慣化されたことを行うことにこの上もない喜びを感じます（弱み（8））。そうなる理由は「人といると疲れるから」、「人とコミュニケーションするのが難しすぎるから」、「人間関係のごたごたにうんざりしたから」などさま

ざまです。

孤立はよくない

　社交嫌いになった「内向型人間」は、最悪の場合、社会的に孤立する可能性があります。自分の感情と考えを自分の心の中だけにしまいこみ、心を閉ざしてしまえば、職場でも家でも人との触れ合いを避け、活気のない生活を送ることになります。チームワークは苦手。他人に合わせることができないので、家族旅行だろうが会社でのプロジェクトだろうが、すぐに問題をかかえてしまいます。周囲からも「変わった人」だと思われます。

　社交嫌いの典型は、こんな「内向型」の夫でしょう。家に帰ると妻と話もせずに自分の部屋に引きこもり、家具を修理したり、鉄道模型をつくったりします。似たような「内向型」の社長もいます。クリスマスパーティーの最中にスマートフォン片手に会場のすみで仕事をし、部下たちと話をするのをとことん避けようとします。

嫌なことから逃げるのと社交嫌いは違う

　弱み（5）「嫌なことから逃げる」と社交嫌いの違いは、逃げる目的にあります。嫌なことから逃げる人は苦手な課題を後回しにしたり、問題をそのままにして他のことに目を向けたりします。一方、社交嫌いな人はうまく付き合えない人間を避けようとします。これに弱み（10）「争うのがこわい」が加わると、人間関係で多くの問題をかかえることになります。

　「自己否定する」（弱み（7））「内向型人間」も社交嫌いです。「自分は周囲の人間から誤解されている」、「避けられている」と思いこんでいます。この思いがコミュニケーションを妨げます。最悪の場

合、人間嫌いになり、完全に孤立してしまう恐れもあります。

弱み（10）：争うのがこわい

「内向型人間」は心穏やかな人間なのか？

「内向型人間」についての専門書を読むとさまざまな見解に出会います。その１つに「『内向型人間』はあまり争わない」というのがあります。「内向型人間」は心穏やかな人間なのでしょうか？　それとも他人と調和することに長けた人間なのでしょうか？　私はそうではないと思っています。

　人と人が関わる場所には必ず争いが起こります。なぜなら人間の性格、特性、目的、要求は人それぞれ違うからです。争いのない場所などありません。でも「争いたくない」人間が多くいることも事実です。争いは私たちからエネルギーを奪い、ストレスの原因にもなります。そのうえエネルギーを費やしたからといって状況がよくなるというものでも、報われるというものでもありません。費やしたエネルギーに見合う結果を出せる人間だけが「争いたい」と思うのではないでしょうか。実はこの点に「内向型人間」と「外向型人間」の違いを見ることができます。「内向型人間」は「争ってもエネルギーを使い果たすだけだ」と思いがちです。また安全志向が強いので争いの収拾がつかなくなることをとてもおそれます。つまり不安（弱み（１））があるために争いを拒むのです。一方、「外向型人間」は「内向型人間」ほど多くのエネルギーを争いに必要としません。「モヤモヤした気持ちをかかえるくらいならすべて吐き出してすっきりさせよう」と思います。

　また争いが引き起こす問題も「外向型人間」と「内向型人間」の

場合では違います。「外向型人間」は争いを自分からはじめることができるので、いさかいに巻きこまれることも多くなります。反対に「内向型人間」は争いたくても自分から争いをはじめることができないので、ストレスをためこみ、苦しむのです。

あなたの弱みはなんですか？

自分の弱みを知る

前章で自分の強みを見つけ出したように、ここでは自分の弱みを探し出しましょう。まずは、次の弱みのうちのどれが自分に当てはまるかを考えてください。

あなたへの質問

あなたの弱みだと思われるものにマークしてください。

弱み（1）：不安をかかえやすい　☐
弱み（2）：細かいことにこだわる　☐
弱み（3）：繊細すぎる　☐
弱み（4）：受け身になる　☐
弱み（5）：嫌なことから逃げる　☐
弱み（6）：頭でっかち　☐
弱み（7）：自己否定する　☐
弱み（8）：柔軟性に欠ける　☐
弱み（9）：人付き合いを避ける　☐
弱み（10）：争うのがこわい　☐

あなたの最大の弱みを3つあげると

1

2

3

　ではもう一歩進んで、あなたの弱みから心の要求を探り出しましょう。まずどういった状況でその弱みを一番強く感じるか、その結果どういうことが起こるかを次の表に書きこんでください。そして、その弱みの裏に隠された心の要求を見つけ出し、弱みの対処法をまとめましょう。時間をかけて、ゆっくり考えてください。例をあげていますので、それにならって書きこんでいきましょう。

私の弱み	どういった状況でその弱みを強く感じるか、その結果何が起こるか	この弱みに隠された心の要求は何か、どう対処すべきか
例) 繊細すぎる	大勢の人に会ったり、うるさい場所にいったりすると強く感じる。その結果ストレスがたまり、人に会う機会を減らしたり、うるさい場所を避けたりする。	できれば1対1でゆっくり話がしたい。だから今後は話をしたい相手とだけ会う約束をする。会う場所はできる限り静かな場所を選ぶ。

弱みとは心の要求を表すもの

　あなたは先の質問に答えたことで、無意識の重要な部分にアクセスし、人と関わる際に現れる自分の心の要求に向き合えたはずです。強みがコミュニケーションに活かせるものなら、弱みだって活かせます。心地よく他人とコミュニケーションするために必要なものをあなたの弱みの中に見出すのです。強みと弱みは深いところでつながっています。たとえば自立しているという強みの裏にあるのは、嫌なことから逃げる、人付き合いを避けるという弱みです。慎重であること（強み（１））と不安がること（弱み（１））、落ち着きがあること（強み（５））と受け身になること（弱み（４））、集中力があること（強み（３））と細かいことにこだわること（弱み（２））の関係も同じです。前章の強みについての質問と本章の弱みについての質問に対するあなたの答えを比べてください。すると両者の関係が見えてくるはずです。

あなたへのさらなる質問

あなたがもっているどんな強みがどんな弱みと関係していると思いますか？

1 ＿＿＿＿＿＿＿＿＿＿＿　と　＿＿＿＿＿＿＿＿＿＿＿

2 ＿＿＿＿＿＿＿＿＿＿＿　と　＿＿＿＿＿＿＿＿＿＿＿

3 ＿＿＿＿＿＿＿＿＿＿＿　と　＿＿＿＿＿＿＿＿＿＿＿

> ま と め

・「内向型人間」は強み同様、弱みももっています。特定の状況下で弱みが問題になることを避けるためには強みと弱みの両方を自覚しておく必要があります。

・弱みは自分の心の要求を表しています。

・「内向型人間」の弱みは、「不安をかかえやすい」、「細かいことにこだわる」、「繊細すぎる」、「受け身になる」、「嫌なことから逃げる」、「頭でっかち」、「自己否定する」、「柔軟性に欠ける」、「人付き合いを避ける」、「争うのがこわい」の10項目に分けることができます。

PART 2

プライベートと職場での成功の両方を手に入れる方法

第4章 居心地のいい プライベート空間のつくり方

　クリスティーナは、ある国際企業で経営管理をしています。34歳という若さで確固たるキャリアを手に入れました。責任ある仕事を任され、社員はみんな、彼女が作成する報告書を信頼しています。経営管理部門では彼女の右に出るものはいないとまで言われています。

　クリスティーナのキャリアはすばらしいものです。しかしそんな華やかな彼女の生活にも負の部分がありました。遅くまで残業して家に戻っても待っているのは猫だけ。休みの日の楽しみはときどき2人の親友とお茶に行く。サイクリングをする。その2つだけです。

　パートナーがいてもおかしくない年齢です。ですがクリスティーナは「内向型人間」なので積極的に相手を探すことができません。仕事の後はひとり静かに家で過ごすことが好きなので同僚や友達の集まりにもほとんど参加しません。それでいっそう出会いから遠ざかってしまうのです。ときどきインターネットの出会い系サイトをチェックしますが、信用できない気がして利用できません（猫をかぶったとんでもない男性がこういうサイトを利用しているのではないかと思うからです）。それに自分を商品みたいにオンラインで宣伝するなんてことは想像すらできません。その一方で、日々楽しいことを共有できる素敵なパートナーがいたら人生はどんなにすばらしいだろう、と考えることが次第に多くなっていきました。

信頼関係

家族や友達と一緒にいるときの「内向型人間」

　一言で「プライベートな生活」と言ってもいろいろな面があります（コミュニケーションも同じです）。だから人生について、夫婦について、家族について書かれた本は数えきれないほどあるのです。本章では家族や友達とのコミュニケーションについて「内向型人間」の視点から考えてみたいと思います。パートナーがいる人はパートナーとの接し方、シングルの人は自分との向き合い方、子供のいる人は要求が異なる「内向型」と「外向型」の子供たちとの正しい接し方について学んでいきましょう。まずはこの中の自分に合うパートをじっくりと読んでください。

2人の生活とシングルの生活

　パートナーと一緒に暮らす人がかかえる問題はシングルの人（好んでシングルであるかどうかは別として）のものとは違うはずです。その逆もしかりです。シングルの暮らしにもカップルの暮らしにもそれぞれ長所と短所があります（これは自分やパートナーが「内向型人間」か「外向型人間」かでも変わってきます）。パートナーと一緒に暮らすといいこともたくさんありますが、複雑なこともあります。もちろん自分を理解し、大事に思ってくれる誰かと喜びを分かち合いながら生きることはすばらしいです。でもパートナーが理解しがたい要求をしたり、自分の殻に閉じこもるような人であれば、「2人の生活はすばらしい」だけとは言えなくなるでしょう。シングルの暮らしとカップルの暮らしについては、この後で詳しく説明します。まずは先ほどのクリスティーナの例にもあったようにシングルの「パートナー探し」について考えてみましょう。

「内向型」のパートナー、それとも「外向型」のパートナー？

パートナー探しは試練

　クリスティーナのような「内向型」のシングルにとって「パートナー探し」は大きな試練です。なぜなら「パートナー探し」とは知らない人と交流をはかろうとする自発的な行為だからです。エネルギーを使わないで乗り切れるものではありません。ですが、パートナーと人生をともにしたいという覚悟があるなら、やらねばなりません。自発的に何かをするとは、自分の思うように人生を切り開くことです。パートナーを見つけたいと思っている人はぜひ次を読んでください。まずはできることから始めましょう。今の自分にできることを把握し、計画を立てましょう。そう、計画することが大事なのです！

　信頼できるパートナーを見つけたいなら、まずはこう自問し、過去の経験から答えを探してみましょう。あなたが理想とする人はどんな人ですか？　あなたなら「内向型人間」と「外向型人間」のどちらをパートナーとして選びますか？

　もしかしたらあなたは今「人間はみんな生まれながら『内向型』と『外向型』の両方の性格をもち合わせているのだから両方の特性を受け入れて当たり前」と言いたいかもしれません。もちろんそうです。基本的にはパートナーが「内向型人間」であれ、「外向型人間」であれ、問題ないでしょう。ですがそれも考え方次第です。

自分とは正反対の性格に魅力を感じる

　「内向型人間」にとって「外向型人間」はとても魅力的なパートナ

ーです。ユングも人間は正反対の性格、つまり「内向型人間」は「外向型人間」に、「外向型人間」は「内向型人間」に魅力を感じる、と言いました。プラトンも、人間は自分とは異なる人間をパートナーとして選び、自分がもつ特性でパートナーの足りない部分を、パートナーがもつ特性で自分の足りない部分を補おうとする、と言っています。とても男性的な人はとても女性的な人に、エネルギッシュな人は思慮深い人に、容姿の美しい人は知的な人に、家族思いの人は一匹オオカミに引かれるというわけです。身近な人を観察してみてください。異なる特性をもつ人ほど引かれ合い、カップルになるケースが多いことがわかるでしょう。

「内向型人間」と「外向型人間」は互いに補い合っている

だから「内向型人間」は「外向型人間」に魅力を感じます。「外向型人間」は「内向型人間」が躊躇してしまうようなことでも簡単に行動に移します。それが「内向型人間」には魅力的に映るのです。「外向型人間」は家族や親戚を集めた大きなパーティーで人を引き付ける話をしたり、慈善活動を積極的に行ったり、買った商品に不備があると店に直接クレームをつけたりします。マイヤーズ・ブリッグズ式性格分析テスト（MBTI）の専門家も「かつて」は、夫婦はできるだけ異なる特性（「内向型」と「外向型」）をもつほうがいいと言っていました。

類は友を呼ぶ

夫婦はできるだけ異なる特性をもつほうがいい。確かに昔はそう言われていました。しかし最新の心理学研究では、そうではないことがわかってきました。似た特性をもつものほど引かれ合うと言うのです。仲のよいカップルは、知的レベル、家庭環境、受けた教育、職業が似ていると言います。また人とのコミュニケーションの仕方、

休暇の過ごし方なども似ていると言います。つまり、似た者同士の間にこそ信頼関係が生まれるのです。

　そう考えると、もの静かな「内向型人間」は他の「内向型人間」からも好感をもたれることがわかります。現在パートナーを探している人はもう一度よく考えてみてください。あなたは「外向型人間」または「内向型人間」とどう付き合っていますか？　どういった特性をもつ人に共感を覚えますか、または覚えませんか？　あなたが人間関係で大事にしているものは何ですか？

　実は人間は感情や直観をつかさどる右脳で恋をします。ですから恋愛したら理性を失ってしまわないように一度冷静になって現状を分析し、心の要求を確かめ、計画を立てる必要があります。これは大事なことです。その結果、あなたがどういう選択をするのかはわかりません。予想もしなかったような人と一緒になることもあるでしょう。ですが、それはそれでいいのです。結局、恋愛とはそういうものですよね？

強みはパートナー探しの武器になる
　第2章に書いた「内向型人間」の強みを覚えていますか？　ここにもう一度「内向型人間」の10の強みをあげ、パートナー探しでのそれらの活かし方と、活かす際の注意点をまとめました。

パートナー探し──強みの利用法

強み（1）：慎重である

・信頼している人に誰かを紹介してもらいましょう。「こんないい

人が評価している人だから」と納得し、安心してコミュニケーションすることができるからです。
・出会い系サイトを利用する場合は、次の点に注意しましょう。
―アンチウィルスプログラムがインストールされたパソコンを使ってサイトにアクセスする。
―専用アプリだけを利用し、ニックネームで登録する（名前は出さない！）。フリーメールアドレスを使う。
―相手をよく知るまでは個人情報を伝えない（名前、住所、電話番号、メインのメールアドレス、職場など）。
―相手とは固定電話ではなく、携帯電話で連絡を取り合う。
―相手が金銭的援助や結婚や変質的な性行為を強要してこないかを確認する。それらを強く求められたら、すぐに距離を置くこと！
―相手と待ち合わせするのはカフェなどの見通しのよい公の場で。前もって友達などに待ち合わせ場所を伝えておく。新聞のパートナー募集欄や結婚相談所をとおした待ち合わせの場合も同様に気をつけること！
・個人情報は小出しにしていきましょう。焦りすぎないことです。

強み（2）：本質的なものを見出す

・どういったことがあなたを喜ばせるのか、あなたにとって意味があるのかを考えましょう。すると何をすればいいか、どこに行けばあなたと同じ感覚をもつ人に出会うことができるかが見えてきます。

強み（3）：集中力がある

・パートナー探しを日々の予定に組みこみましょう。計画的に（ここに書いてあることを）実行に移すのです。

強み（4）：人の話を聞くことができる

・見知らぬ男女の会話に耳を傾けるようにしましょう。そこから、男女はどういった会話をするのか、特に初めて会うときに何を話すのかを学ぶのです。そして自分に合う方法を見つけ出すことです。
・「内向型人間」の友達にパートナーがいるなら、どう彼（彼女）と出会ったかを聞き、それを参考にしましょう。
・どんな出会いの場でも相手の話はきちんと聞きましょう。そのときに大事なのは、相手の好きな会話のテーマを把握し、また自分が話をしているときに相手がきちんと聞いているかどうかを確認することです。

強み（5）：落ち着いている

・リラックスしましょう！　出会いを増やしたいなら、興味のあることや楽しい経験ができる機会をなるべく多くもつようにしましょう。あなたの落ち着きはそういった機会にこそ活かせます。
・焦って、自分がしたくないことまでしないこと！
・出会いを求めているからといって動き回りすぎてはいけません。ひとり静かにすごす時間も適度に取り入れるようにしましょう。

強み（6）：優れた分析力をもつ

・強み（2）について考えたら、あとは外に出る機会を増やすのみです。犬と散歩に行く。図書館で読書する。ダンス教室に通う。美術館に行く。スポーツをする。劇場に通う。自分が楽しめることをしているとストレスなくパートナー探しも続けられます。
・将来の恋人と一緒にしたいことを考え、それを活動の中心にしま

しょう。
・優れた分析力を活かして人間を評価すれば、自分を守ることにもつながります。どんな出会いの場でも「この人はどういった特性をもっているか」、「自分はその中のどの特性に好感をもてるか」と自問することが大切です。

強み（7）：自立している

・自立している人はどんな人ともよい関係を築けます。自分の生活に満足していればいるほど、出会いの可能性は広がります。不満ばかりかかえている人は魅力的には見えません。その意味で自分は本当に自立しているかどうかを、まず考えてみてください。十分自立しているなら自分を変える必要はありません。

強み（8）：辛抱強い

・パートナー探しには時間がかかることを覚悟しましょう（意識的に出会いを求める時間をつくる）。
・すぐに妥協してはいけません。妥協しないためには強み（9）にあげている2番目のリストを参考にすることです。

強み（9）：書くことが（話すことより）得意

・次の2つのリストをつくりましょう。
―自分を魅力的に見せる強みを書き出し、リストにする。
―パートナーに求める特性（パートナー探しの基本）を書き出し、リストにする。例：ユーモアがある、頼りがいがある、正直である……。絶対にこれだけはゆずれないという特性と、これはあきらめ

てもいいと思える特性にそれぞれ印をつける。

　ネット上でのパートナー探しは「内向型人間」が得意とする書面でのコミュニケーションが可能なので、出会い系サイトも利用しましょう。

強み（10）：人の気持ちがわかる

・人の気持ちがわかるという能力は、メールを書くときや実際に会って会話をするときに大いに役立ちます。相手がどういう人か、コミュニケーションがうまくできているかを自分で評価できるからです。出会いの場で大事なことは「自分も相手も気分よくいられるか」、「相手にとって大事なことは何か」を考え、そこで万一自分の心の中にネガティブな感情（怒り、不安、退屈な気分、落ち着きのなさ）が生じたら、それを真剣に受け止めることです。どんなことでもいいので（たとえば趣味について）とにかく相手にたくさん質問しましょう。
・相手が「自分に関心をよせているか（どれだけ質問してくるか）」、「自分の話を理解しているか」、「正直に話そうとしているか」を確認することも大事です。

クリスティーナの決断
　クリスティーナはいろいろ考えた末に一番オーソドックスな方法を選びました。出会い系サイトはやはり信用できなかったので新聞のパートナー募集欄に投稿したり、結婚相談所に登録したりすることにしたのです。するとパートナーを選ぶうえで大事なことを真剣に考えられるようになりました。また「推理小説を書いてみたい」という長年の夢を実現するために文章力養成講座にも通いはじめま

した。そこに新しい出会いが待っているかもしれません……。

あなたへの質問

「内向型人間」と「外向型人間」
あなたはどちらをパートナーとして選びますか？

わからないなら、第1章にある「内向型」「外向型」テストや両者の特性のまとめを読み直してみましょう。

私の理想のパートナーは、内向型人間　／　外向型人間　です。

次のような特性や心の要求をもっています：

_____

_____

_____

_____

_____

パートナーと一緒に暮らす

恋愛も結婚も挑戦

　恋愛や結婚は誰もがしたいものですが、失敗も多いのが実情です。

欧米の先進諸国では現在2人に1人が離婚しています。結婚しないカップルもたくさんいますから実際はもっと多いはずです。公的な統計結果によると、ヨーロッパでは年々結婚する人が減ってきていると言います。ヨーロッパの中でもドイツは減少率が特に著しいようです。その一方で、男女関係を専門に扱うカウンセラーの数は増えつづけています。こういった現状において、「内向型人間」と「外向型人間」の違いと関係性を把握することはとても大事なことです。「内向型人間」と「外向型人間」はどうすれば良好な関係を築くことができるでしょうか？ また「内向型人間」同士はどうやって関係を深めればいいのでしょうか？

「内向型人間」と「外向型人間」のパートナー

　人間はみんな自分の世界に生きています。ですから愛し合う2人は、恋愛の当初の情熱が冷めてくると別々の世界に生きていることに気づきます。価値観や経験や才能や性格（「内向型人間」か「外向型人間」か）の違いが見えてくるのです。2人を隔てるこの違いは実は悪いものではなく、よいものです。なぜなら人間は他者との違いを認めることで、自分の世界だけでなく、他者の世界をも生きることができるからです。たとえばパートナーが苦手なことをあなたが代わりに実行すると、パートナーのストレスが減ります。また「外向型」のパートナーは「内向型」のあなたの代わりに人間関係を広げてくれます。「パーティーに行こう」とあなたを誘い（あなたの背中を押し）、パーティー会場でも何をしていいかわからずにいるあなたをサポートしてくれます。その一方で、あなたは「外向型」のパートナーに精神的な安定をもたらしたり、本質的なことを示したりすることができるのです。

違いが問題になることもある

　もちろん性格の違いが問題になることもあります。心情や要求や考え方の違いは喧嘩やストレスを増やす要因になるからです。たとえば「外向型」のパートナーは、パーティーに呼ばれるたびに「内向型」のパートナーの面倒を見ていたら、不満がたまってくるでしょう。本当ならいろいろな人と話をしてパーティーを楽しめるはずなのに、金魚のふんのようについてくるだけのパートナーに常に気をつかい、話す機会を与えてあげないといけないからです。その一方で、「内向型人間」は「外向型人間」と一緒に暮らすと苦しくて仕方がありません。ひとりになってリラックスし、何もしない時間をもつことが難しくなるからです。

互いの要求が衝突する

「内向型人間」と「外向型人間」が一緒に生活をすると、互いに妥協できずに関係を悪化させる恐れがあります。「内向型人間」は「外向型」のパートナーを、要求ばかり押し付ける思いやりのない人間、「外向型人間」は「内向型」のパートナーを気づかいが足りず、何でも人まかせにする、消極的な弱い人間とみなす傾向があるからです。これがひどくなると「内向型人間」の自尊心は傷つけられてしまいます。一方「外向型人間」は「内向型」のパートナーに必要以上の刺激や行動力を求めるようになります。そしてそれらを与えられないと「自分は大事にされていない」と感じるようになります。「内向型人間」は常に愛情表現をしたり、イニシアチブを取ったりするのが苦手です。こうなると関係は悪化する一方です。

　「内向型」と「外向型」のパートナーではコミュニケーションの仕方が違います。話す速度、声の大きさだけでなく、喧嘩の仕方も違います。たとえば「内向型人間」にとっては過剰であったり、うる

さすぎたり、直接的すぎたり、速すぎたりするコミュニケーションが、「外向型人間」にとっては普通のことです。また「内向型人間」は相手から責められると心を閉ざすことが多いのですが、「外向型人間」は言い返したり、問題の解決策を提案したりすることが普通にできます。さらに信頼の示し方にも違いが見られます。「外向型人間」が自分のことをすぐに何でも話してしまうのに対して、「内向型人間」は心を開くのに時間がかかるのです。

「内向型人間」と「外向型人間」は深い信頼関係を築くこともできます。ただし、ドイツの心理学者、ハルトヴィヒ・ハンゼンも言うように、2人の間に「思いやり」が欠けていては無理です。「思いやり」は「内向型」と「外向型」の男女関係を考える上で重要なキーワードです。「思いやり」は次の2点を大事にすることで生まれます。

思いやりをもつために大事なこと
1　自分の要求を知ること！
　まず自分の心の要求を知る、つまり自分を思いやりましょう。そうすればパートナーの要求も受け入れることができるようになります。

2　パートナーの要求を知ること！
「私が求めるものと同じものをパートナーも求めているわけではない。だから私とパートナーのものの見方が違っていて当たり前」と思うようにしましょう。あなたの感覚ですべてを判断してはいけません。

　愛し合う2人が異なる要求をもつのはおかしいことではありませ

ん。人間はみんなそれぞれ違うのです。大事なことは自分とは違う人間とどう生きていくかです。恋愛や結婚はある種のチームワークです。チームワークでは、チームメイトが異なる特性と才能をもっているとそれが戦力になります。ですから男女関係においてもこの長所を利用することです。

「内向型」のあなたから見た「外向型」のパートナーの長所
・2人の関係を活気づけてくれる。
・行動力と社交性を発揮して私をリードし、サポートしてくれる。
・コミュニケーション上の私の弱みを補ってくれる。たとえば「柔軟に人とコミュニケーションできる」という強みで「柔軟性に欠ける」という私の弱み（8）を、「前向きに争いを解決できる」という強みで「争うのがこわい」という私の弱み（10）を補ってくれる。

「外向型」のパートナーとうまく付き合う

次に「外向型」のパートナーとうまくコミュニケーションをはかるための注意点をまとめました。

「外向型」のパートナーとコミュニケーションする際の注意点
1　会話
・話の内容は簡潔にまとめ、わかりやすく表現しましょう。「本質的なものを見出す」、「優れた分析力をもつ」という強み（2）（6）さえ活かせば、簡単にできます。
・なるべく大きな声で、抑揚をつけながらはっきりと話しましょう。小さな声でぼそぼそと話すとパートナーは話の内容を真剣に受け止めなかったり、すぐに忘れたりします。

・パートナーの口調が速すぎて内容が理解しにくいときは「もう少しゆっくり説明して」と言いましょう。
・パートナーとの会話のテンポは自分次第で調整できます。ですから考える時間が必要なとき（たとえば、重要な決断をしなくてはならないとき）はそれをきちんとパートナーに伝えましょう。
・「人の話を聞くことができる」、「優れた分析力をもつ」、「人の気持ちがわかる」という強み（4）（6）（10）を活かし、パートナーを理解しようと努めましょう。
・大事な話をする前に言うべきことを紙にまとめておきましょう。「書くことが得意」という強み（9）を利用するのです。
・パートナーの気持ち（怒り、退屈な気分、不満、不安）を読みとる訓練をしましょう。気持ちの表現の仕方は人それぞれ違うので、これをマスターしておけばパートナーが発する「無言の言葉」を理解し、うまくコミュニケーションできるようになります。
・自分の感情（いいものであれ、悪いものであれ）を言葉で表現するよう努力しましょう。これが愛情表現になります！
・自分の心の要求だけでなく、パートナーの要求にも耳を傾けましょう。どちらの要求も同じくらい大事にするのです。自分が嫌なことだけでなくパートナーが嫌なことも理解しようと努めることです。するとお互いの違いを笑いとばせる日がきっと来ます。

2　共同生活

・自分の心の要求にできるだけしたがいながら生活しましょう。パートナーもそう生活できるよう、彼（彼女）の要求を実現できる場所や機会をつくってあげましょう。
・2人で一緒にする活動（休暇や家族行事など）はどちらの要求もある程度満たされるものを選びましょう。
・ひとりで過ごす時間を確保し、自分の心の要求を知る時間をつく

りましょう。その際に大事なことはパートナーに「私はあなたを避けているのではない。自分の時間が必要なだけ」と伝え、理解してもらうことです。
・「内向型」と「外向型」の両方にそれぞれのよさ、つまり「強み」と「弱み」の両方があることを知りましょう。
・気分をよくしたり、ストレスを軽減したりするものをパートナーに与えてあげましょう。パートナーがあなたのためにしてくれること（あなたに変わって人間関係を広げたり、クレームをつけたり、イースターの祝日に大勢の人でごった返すデパートに買い物に行ってくれたりすること）に感謝すれば、それができるはずです。

束縛しない
　私の夫は「外向型人間」です。「内向型人間」である私は、夫と結婚生活を続けるうちに２人の考え方と要求がかなり違うことに気づきました。でも結婚生活で大事なことは、自分の心の要求をまず知った上で相手との違いを受け入れることです。そこで私たちは時間をかけて相手の要求を知り、互いに束縛しないことを学んでいきました。たとえば夫は頻繁に友達と出かけたり、ワークショップやイベントに参加したり、旅行したがったりします。また家に帰るとすぐにラジオを聴くか、テレビを観ます。一方、私はひとり静かに過ごす時間がたくさん必要です。こういった違いをじょじょに受け入れていったのでした。

　私たち夫婦は長い月日をかけて、「内向型・外向型直線」上の別々の快適ゾーンに生きる人間が結婚生活を続けられることを知りました。今では２人一緒に過ごす時間が２人のそんな違いを笑いとばす貴重な時間になっています（「私たち夫婦にヘッドフォンと耳栓は欠かせないね」なんて言って！）。でもこんな２人にも共通の

「好み」があります。それは親友と一緒にディナーに行って話をするのが好きだということです。

「外向型」のパートナーはあなたとは正反対の行動を取ります。そんな人間が「内向型」のあなたの要求を完璧に理解するのは無理です。「外向型人間」は所詮「外向型人間」でしかないからです。「内向型」のあなたにしても「外向型」のパートナーの心の要求をすべて理解することはできないはずです。だから大事なことは、まず自分自身の心の要求を理解し、それを相手に伝えることなのです。

あなたへの2つの質問

あなたとパートナーの要求の違いを書き出してください。

パートナー　　　　　　　　　　私

２人の関係をさらによくするためには、そうした要求の違いにどう対応すべきだと思いますか？

「内向型人間」同士の関係

喧嘩することが少ない

　パートナーが同じ「内向型」なら、あなたはとても満足しているはずです。なぜならパートナーは常にあなたの味方。あなたの要求を理解し、ときにそれをかなえてくれるからです。なんとすばらしい関係ではありませんか！

「内向型」のあなたから見た「内向型」のパートナーの長所

・話をよく聞いてくれる。辛抱強い。私の心の要求に気を配ってくれる。
・思いやりがあり、私がひとりの時間を必要としていることを理解してくれる。
・私と興味が似ている。
・喧嘩することが少ない。

関係がマンネリ化しやすい

　「内向型」同士の男女関係にも実は落とし穴があります。それは「マンネリ化する」（関係が型にはまってしまう）恐れがあることで

す。特に両者ともに「受け身になる」、「人付き合いを避ける」という弱み（4）（9）が大きい場合、このリスクは高くなります。関係が「マンネリ化」すると、友達が少ない、新しいことをしない、人格を高め合おうとしない、問題やリスクに向き合おうとしないといった傾向が見られるようになります。互いに何もかもを受け入れてしまうと、相手に依存し、関係を型にはめてしまうことにもなります。あなたもわかっているでしょうが、これはよくないことです。ですからここに互いの長所を活かし、短所をなるべく抑えてコミュニケーションする方法、共同生活をうまく成り立たせる方法をまとめました。

「内向型人間」同士の関係をよくする方法

1　会話

2人の違いを見つけ、それが2人にとってどんな意味をもつかを考えましょう。

・自分の心の要求を知り、パートナーの要求と比べましょう（「内向型」「外向型」カップルほど違いはないかもしれませんが）。どちらの要求も大事にして相手とコミュニケーションしようとすることが大事です。

・大事なことを話したいときはパートナーに前もって知らせておきましょう。するとパートナーも心の準備ができます。

・2人とも「書くこと」が好き（強み（9））なら、互いに文章を書いてコミュニケーションしてもいいでしょう。Eメールやショートメッセージやメモ書きなどを利用するのです！

2　共同生活

・前もって計画し、定期的に新しいことをするよう心がけましょう。たとえば：

- 1年に1回新しい趣味を試す。
- 2週間に1回2人で外出する。
- 1か月に1人は新しい知り合いをつくる。
- 2か月に1回は自分自身とパートナーのためにサプライズを用意する（パートナーと交代で用意すること！）。
- そうした計画をカレンダーに書きこむ。
- パートナーと一緒に交渉やスピーチなどの練習をしましょう。2人一緒に「内向型」の弱みを克服するのです！
- 自分がしたいことをひとりでする時間をもちましょう。たとえば、パートナーと一緒ではなくひとりで人に会い、自分だけの友達をつくるのです。
- 2人がいい関係を保つためにはともに責任をもって行動する必要があることを自覚しましょう。

あなたのパートナーは「内向型」ですか？　それなら一度2人の関係についてじっくり考えてみてください。

あなたへの2つの質問

2人が似ている点は？

２人の関係にはどういった弱点または課題がありますか？　どうすればそれらを克服できますか？

弱点

対処法

弱点

対処法

弱点

対処法

「内向型人間」のシングルライフ

孤独を感じずにひとりで生きる

　シングルライフにも長所と短所があります。シングルの人の中にはひとりで生きることを自ら選んだ人と何らかの理由でパートナーと別れた人の２種類がいるでしょう。「内向型人間」は孤独を感じずにひとりで生きることに長けています。ひとりで何でもしようとするだけでなく、仕事が終わったらすぐに家に帰ってリラックスしたり、充電したりしようとします。

シングルライフのリスク

　「内向型」のシングルは、「人と付き合うのが苦手で家に引きこも

るおそれがある」という点では「内向型人間」同士のカップルと同じです。ただ違うのは、パートナーと一緒ではなくひとりで生活をしているという点です。特に「受け身になる」、「人付き合いを避ける」という「内向型」の弱み（4）（9）が顕著なシングルほど、引きこもりのリスクは高くなります。人との交流を避けていると、新しい経験をして刺激を受けることが少なくなります。すると人格的に成長する機会やコミュニケーション能力を失い、人間関係の問題に自ら対処することができなくなってしまいます。

ここに「内向型人間」が引きこもることなく、シングルライフを楽しむための方法をまとめました。

「内向型人間」のシングルライフ充実法
次のことを習慣化するとシングルライフは充実します。
・1年に1回新しい趣味を試す。
・1年に2回は今まで行ったことがない場所に行く。
・2週間に1回は美術館や映画館や劇場に行く。
・1カ月に1回はパーティーや人の集まりに参加する。
・2カ月に1回は友達や恋人と何か楽しめることを企画する（交代で企画する！）。

これらの計画をカレンダーに書きこみましょう。

・気になる人、インスピレーションを与えてくれそうな人を定期的に選び、交流するよう心がけましょう。
・友達や家族や同僚とはEメールなどで連絡を取り合うだけでなく、できるだけ時間をつくって直接会うようにしましょう。
・自分がしたいことをする時間をもちましょう。

・交友関係を広げたり、友情を深めたりすることを怠ってはいけません。他人が喜ぶことをする（たとえば花を贈ったり、話を聴いてあげたり、パソコンにソフトウェアをインストールするのを手伝ってあげたり、子供の面倒を見てあげたりする）ようにしましょう。でも自分が困っているときは、素直に人に助けを求めましょう。
・あることに興味をもったら時間をつくってそれに打ちこみましょう。趣味をとおして新しい人に出会うこともあります（たとえ恋愛に発展することはなくても）。

シングルライフは自分でつくりあげて楽しむものです。人生を楽しめる人は自分を好きになるだけでなく、周囲の人からも好かれます。これは「内向型人間」だからこそできることです。

子供がいる「内向型人間」

一緒に暮らしているパートナーとあなたは家族であって、シングルライフを送る２人の人間ではありません。ですから子供やパートナーの家族（病気の父親、未亡人の姑）や友達やその他の関係者ともうまく付き合っていかなくてはなりません。

賑やかな家族生活の中で最も問題になる「内向型」の弱みは「繊細すぎる」（３）ことです！　小さな子供たちは大きな声を出したり、夜寝てくれなかったりします。もう少し大きな子供たちは友達を家に連れて来たりします。こうなると「内向型人間」はひとり静かにエネルギーを充電する時間をもてずに疲れ切ってしまいます。

「内向型人間」の家庭生活充実法

1　平等を心がける

　たいてい家族の中には「内向型人間」と「外向型人間」の両方がいます。ですからあなたの快適ゾーンが「内向型・外向型直線」上のどの辺りにあろうと、家族である以上、両者を受け入れなくてはなりません。「内向型」と「外向型」の要求が同程度満たされるよう家庭生活を調整しましょう。「昼寝したいという気持ちと遊園地に行きたいという気持ちは両方とも大事」というような認識をもつことが大切です。

2　ひとりで過ごせる場所を確保する

　たとえ短時間でもひとりで過ごしたり、リラックスしたりできる場所を家の中にもつことは大事です。寝室、地下室、屋根裏部屋、自分の部屋。どこでもいいのです。居間は家族共同の部屋ですが、みんなが寝静まった後や外出したりしているときはリラックスできる場所にもなります。

3　騒音を少なくする

　騒音が嫌いなら騒音を減らす努力をしましょう。次のことを心がけてください。

・家の中の「声の大きさ」を家族みんなで決めておきましょう！ そうすれば落ち着いて話すことを習慣化できます。誰かがうるさすぎても「気をつけて！」というかけ声一つで注意できます。
・静かに考える時間を家庭生活に取り入れましょう！　喧嘩や言い合いをすると声が大きくなるのは当たり前です。そういうときは渦中の人間を別々の部屋に入れて静かに考えさせましょう（頭に血がのぼっていると冷静に話し合うことなどできないので）。家が静か

になると家庭内の「内向型人間」のストレスも軽減されます。みんなが落ち着いたところで渦中の人間を集め、話し合いをさせましょう。
・電化製品を利用しましょう！　たとえば私の家にはテレビ用のイヤホンがあります。私が本を読んでいるときは、夫と息子はこのイヤホンを使って好きな番組を見ます。

4　ベビーシッターを雇う

「内向型」の両親にとってベビーシッターは欠かせません（もちろん祖父母や近所の高校生や姪っ子も子供の面倒を見てくれます）。ベビーシッターは「内向型人間」の負担を軽くするための投資と考えてください。パートナーと演劇を観に行ったり、パーティーに参加したりするためではなく、リラックスする時間をつくるために子供を誰かに預けるのです。ベビーシッターは子供たちを映画館や美術館や遊園地に連れて行ってくれるでしょう。これはあなたにとっても子供にとってもいいことです。リラックスした後は子供たちにより多くの愛情を注ぐことができるからです。ベビーシッターを雇うのが経済的に難しい場合は、知り合いの「お母さん」たちと交代でベビーシッターをし合うというのも一つの手です。これを機会に交友関係を広げることもできるかもしれません……。

5　心を養う時間をつくる

「内向型人間」は家庭でいろいろな問題をかかえていると「日常のストレスを忘れて心を養う時間が欲しい」と思うようになります。そんなときは家事を放棄し、好きな本を読んだり、興味のある映画を観たり、気になっているブログを読んだりしましょう。意図的に子供のいない友達に会い、学校や「はしか」についてではなく、もっと別の話を真剣にするのもいいかもしれません。

6　スポーツをする

　誰と暮らしていてもスポーツをするのはいいことです。ひとりで楽しめるスポーツを選び、定期的にするようにしましょう。それには二重のメリットがあります。身体を鍛えながら心の充電ができるからです！　たとえば、フィットネスクラブでの持久力・筋力トレーニング（特定のコースには参加しないこと！）、体操、インラインスケート、ジョギング、ピラティス、サイクリング、水泳、ヨット、サーフィン、太極拳、スキューバダイビング、ウォーキング、山歩き、ヨガなどなら、ひとりでも、友達や家族と一緒でもできます。

「内向型」と「外向型」の子供

　子供も大人同様、「内向型人間」と「外向型人間」に区別できます。赤ちゃんですら環境や周囲の人間に対する反応を見ると、「内向型」か「外向型」かがある程度判断できます。性格は成長の段階で変化したり、強まったりすることもありますが、人間は基本的に生まれたときから「内向型・外向型直線」上に独自の快適ゾーンをもち、それを土台にして生きています（第1章参照）。ですから、両親が「外向型」の子供と「内向型」の子供の両方の心の安定と発育に必要なものを把握していると、子供は精神的に成長しやすくなります。たとえば「外向型」の子供が「よい子」と見なされ、注目されたり、高く評価されたりするような環境に置かれている「内向型」の子供は、両親に理解があるだけで、それが大きな救いになります。また「外向型」の子供は、幼少期に自分の強みと弱みを両親から教わると、精神的に安定した人間に成長します。

自分の子供が「内向型」か「外向型」かを知る

　それを知るには推測するしかありません。まずは、第1章の「内向型人間」「外向型人間」比較表を参考にしてください。小学校高学年以上の子供なら、同じ第1章のテストをさせてもいいでしょう。「内向型人間」の特徴は大人も子供も同じです。ですがあまりに「内向型」すぎる子供や、あまりに「外向型」すぎる子供はまれです。ほとんどの子が「内向型」と「外向型」の両方の特徴をもち合わせ、どちらかがより多いとしてもだいたい「内向型・外向型直線」の中間部分を快適ゾーンにして生きています。では、自分の子供が「内向型」か「外向型」かわかったら、次を読んでください。

自分の子供が「内向型」なら

　私は「内向型」の子供については熟知しています。なぜなら私の子供がそうだからです！　ツイッターやブログにも書いているとおり、私の息子は疑いのない「内向型人間」です。小さいときから「外向型」の子供とは明らかに違っていました。大勢の人がいる場所を嫌い、友達の誕生会に行くのも拒むので、私は毎回必死になって説得しなくてはなりませんでした。保育園児の頃から自分の考えをしっかりともっていて、ときに大人がびっくりするような意見を言ったりもしました。

　6歳になると、カーニバルのパレードを観に行くのを嫌がるようになりました。やかましい音楽と大勢の人に耐えられないと言うのです。8歳になると「ベジタリアンが世の中に1人いるだけで100頭の動物が救われる」と言い出し、肉を食べなくなりました。学校から帰ると1時間はバッハやベートーベンやショパンやラフマニノフといった好きな作曲家の曲をピアノで弾いて心を落ち着けます。友達は多くないですが、数少ない友達はみんなとてもよい子です。

こんな息子を私は誇りに思っています。

「内向型」の子供と接する際に大事なこと

次に「内向型」の子供との正しい付き合い方をまとめました。ここに書いていることは自分の息子と話をし、考え、もちろん息子を愛しているからこそわかったことばかりです。最も実践にもとづいた知識といえるでしょう！

1　周囲から距離を置く機会をつくってあげる

「内向型」の子供も大人と同じく、充電するためにひとりの時間を必要とします。ですからひとり用の子供部屋をつくってあげてください。他に兄弟がいたり、部屋数が限られていたりして無理な場合は、少なくとも「誰からも邪魔されない」場所や時間を多くつくってあげることです。

学校の遠足や家族旅行で、あるいはパーティーの場で「疲れた」と言い出したら、しばらくひとりになり気持ちを落ちつけられる場所や方法を一緒に考えてあげましょう。また大勢の人が集まる行事に参加する前はひとりの時間を十分与えてあげることも大切です。

ひとりになるとは他人から距離を置くという意味です。子供がひとりでいる時間を大切にしてあげましょう。子供部屋には必ずノックしてから入りましょう。また、子供がスキンシップや他人が傍にいること（撫でたり、車の助手席に座ったり）にどの程度耐えられるか、「内向型・外向型直線」のどの辺りを「快適ゾーン」にして生きているかを知ることも大事です。

2　ひとりの時間をもたせることを習慣にする

　子供にひとりの時間をもたせることが当たり前になればなるほど、子供の気持ちは安定してきます。つまり子育ても楽になるということです。次の例を参考にしてください。

・休憩時間：動き回った後は休憩を取る。たとえば買い物に行った後は読書をする時間、プールに行った後はおやつの時間をつくる。

・パーティー：会場には時間どおりに行き（遅れて行かない！）、パーティー中に休憩できる場所をあらかじめ子供と一緒に見つけておく。場合によっては主催者にも協力してもらう。

・日常生活：子供が幼稚園や学校から戻ってきたら、まず好きな飲み物とお菓子を食べさせてリラックスさせる。質問攻めにしないこと！

3　子供が自身の心の要求に向き合えるよう協力する

　子供に「合う」ものを親が見つけてあげましょう（「外向型」の子供が周囲に多い場合は特に）。たとえば、誕生パーティーに大勢を招く必要はありません。一番親しい友達を1人呼んで湖のほとりでピクニックをしてもいいのです。

　子供がある状況で我慢できずに「取り乱し」ても（「内向型」の子供にはよくあることです！）、親は冷静でいなくてはなりません。深呼吸をして、子供を静かな場所に移動させましょう。そして子供の気持ちが落ちついたら「何が起こったのか」尋ね、「この先、同じようなことが起こったらどうすればいいか」子供と話し合いましょう。親はまず聞き役になり、子供が言いたいことをまとめてあげ

るのがいいでしょう（「わかったわ。マルテから『そのおもちゃで遊ぶな』と言われたのね……」というふうに）。そしてその後は「何」、「どうすれば」といった言葉を含む質問、つまり、意見を聞くだけで子供に決断をせまらない質問をするのがいいでしょう（「それならみんながそのおもちゃで遊べるようにするにはどうすればいいと思う？」）。「内向型」の子供は自分と周囲が必要としているものを見つける力をもっています。それを信じるのです。

　子供についてあれこれ悩まないでください。もちろん「内向型」の子供を育てることは「内向型人間」にとってかなりの精神的負担になります。でもあなたは子供と同じ「内向型人間」であるからこそ、心の要求と向き合い、「今どうすべきか」、「今の自分には何が必要か」を知る方法を子供に教えてあげられるのです。「内向型」の子供は家族の前でもあまり話をしません。それでも「今、何が必要なの？」と常に問いかけてあげることが大切なのです。

「内向型」の子供に「外向型」の兄弟がいる場合は、愛情や話す時間や決断する機会が平等に与えられるよう心がけてください。「内向型」の子供は、「外向型」の子も「内向型」の子も平等に成功する機会が与えられることを知ると、将来問題をかかえることが少なくなります！

　人間関係は自分の思うとおりに築きあげられることを子供に教えてあげましょう。この点でも「内向型」のあなたは手本になれます。あなたが家族や友達や知り合いと心おきなく付き合っているところを見せれば、子供は「内向型」の優れた分析力を活かして自分に合う人間関係の築き方を学びます。気の合う友達を見つける手伝いをしてあげましょう。

4　子供の才能を評価する

　子供の才能を評価するとは、子供がもつ強みを認識することです。「内向型人間」がもつ典型的な強みをもう一度思い出してください。どの強みがあなたのお子さんに顕著に見られますか、またはだいたい当てはまりますか？　でも子供の強みを断定しないでください。たとえば「いつも慎重なのね！」と言うのではなく、「飛びこむ前に水の深さを考えるなんて、いいことよ！」と言ってあげましょう。

　親が子供の才能を評価して、それを態度で示すと、子供は自信をつけ、不安を克服することができるようになります。「内向型」の子供はすぐに自分を信じられなくなり、「私にいいところなんてない！」と過小評価する傾向があります。ですから子供にはイライラしたところを見せたり、何かを押しつけたりしてはいけません。子供は「悪いのは自分」と思いこみ、より自信をなくします。あなたが子供の特性を受け入れ、それを強みとして認めてあげることが、子供にとって救いとなります。そうすれば、大人になってから自己不信に陥ることを未然に防げます。

5　学生時代を支える

「内向型」の子供は学校では目立たない存在です。ですから、教師からも「問題のない生徒」として扱われ、そのため気にかけてもらえることが「自己主張の激しい生徒」に比べて少ないのです。また口頭試験は筆記試験のような客観的な採点基準がなく、教師の主観にゆだねられるため、「内向型」の子供には不利です。またチームワークが大事な分野でも「内向型」の生徒は消極的と見なされやすく、評価してもらえないことが多いです。

　親が教師と話し合う機会をなるべくもち、教師の理解を得られる

よう努めましょう。第1章に書いたとおり、「内向型人間」の脳はいわゆる「長回路型」で、外部からの刺激を神経路により長くとどめようとします。ですから「内向型」の子供は脳内で情報を処理するのに時間がかかるのです。でもそのおかげで「外向型」の子供より深く考え、追究しようとします。「内向型」の子供は無能ではありません。学校以外の場所ではスポーツや音楽や読書や友達付き合いを上手にしているはずです。親はそれらを認めてあげる必要があります。

　最後に1つ：学校生活に必要なコミュニケーションは、家族の助けを得られる自宅で練習させるのがいいでしょう（たとえば、食事の時間に討論の練習をさせる、おこづかいを余分に欲しがるならその理由をきちんと述べさせる、兄弟と一緒に危険な動物についての自由研究をさせるなど）。

「内向型人間」は大器晩成型？

　「内向型」の子供をもつみなさん、安心してください。多くの心理学者は「内向型人間」は「大器晩成型」であると主張しています。「内向型人間」は規則に縛られ、集団生活を余儀なくされる学校生活を嫌います。そんな状態で能力を100パーセント出し切ることはできません。でも大人になり、自分の心の要求や特性に合うもの（生活環境、専門分野、働き方、人間関係）を自ら選べるようになると「途端に」実力を発揮しはじめます。成功を収め、人生を楽しめるようになるのです。

「外向型」の子供と接する際に大事にすること

　「内向型人間」にとって「外向型」の子供を育てることは試練です。次に「外向型」の子供との正しい付き合い方をまとめました。

1　子供の話し相手を見つける

「外向型」の子供は自分の考えや受けとった印象を誰かに伝えることで精神的に成長します。そこから生きるエネルギーを得ているのです！　私と同じ「内向型」の友達が最近こんなことを言いました。「息子は大好きよ。でもね、あの子と一緒にいるとラジオをずっとつけっぱなしにしているみたいに感じるの。考えていること、思いついたことを全部口に出すから。ときどき頭がおかしくなりそうになるわ！」と。子供の話し相手を他に見つけると、「内向型」の親の負担は減ります。もちろん親である以上あなたも子供の話し相手でなくてはなりません。でもあなただけが話し相手でなくてもいいはずです。他に話し相手を見つけることはあなただけでなく子供のためにもなります！

「外向型人間」は話すことで考えを深めていきます。ですから「外向型」の子供には早くから友達や話し相手をつくってあげましょう。友達や親戚を家に招待したり、家に泊めたりしましょう。パーティーをするときも、大人だけでなく子供も多く呼べるよう計画を立てましょう。

「外向型」の子供が急に引っこみ思案になってもびっくりしないでください。これは成長の過程でどんな子供にも見られることです。「外向型」から急に「内向型」になったなどと勘違いしないでください。

2　じっくり考えさせる

「外向型人間」は「短回路型」の脳をもっているので（第1章参照）、反応が早く、衝動的です。ですから何かをしている最中にすぐに別のことを考えたり、行動に移したりします。悪く言うと、気

が散りやすいということです。「内向型」の親は「外向型」の子供にじっくり考えることの大切さを教えてあげられます。「今、何が起こっているか」、「誰がこれを必要としているか」、「問題を解決する方法はあるか」、「どうすれば現状を改善することができるか」を考えるべきだと説明してあげられるのです。

また「内向型」の親が「外向型」の子供に腹を立てた場合は「なぜ腹が立つのか」、「我が子はどうすべきか」と冷静に考えましょう。たとえば子供が「あれをしろ」「これをしろ」と友達を振り回していたら、その場であやまらせ、次の機会は友達も平等に楽しめる遊びを提案することにするのです。

「外向型」の子供は、反省させることで、状況を把握してから行動すること、自分の態度を修正すること、どこまで自分で決めていいか考えることを学びます。これは成長の過程でとても大事なことです。

3　違いを受け入れる

「内向型」の親が「外向型」の子供を育てると大変です。子供がもつ要求（動き回りたい、そばにいて欲しい、話したい）や生活の仕方が自分とはまったく違うので、イライラさせられることが多いからです。大事なことは違いをなくすことではなく、違いの受け入れ方を学ぶことです。あなたも子供もそのことを学ばなくてはなりません！

また、親子のコミュニケーションも大事です。まず親（家族内の他の「内向型人間」も含め）はひとり静かに過ごす時間が必要なこと、友達を頻繁に家に招待すると疲れてしまうことなどを子供に正

直に言いましょう。その一方で、血気盛んな「外向型」の子供がもつ要求を受け入れてあげましょう。それについては、次を参考にしてください。

・友達が来る日を決める：「友達を家に呼ぶ日」と「静かにすごす日」を家族みんなで決めましょう。子供にたくさんの友達がいるなら、友達の親と話し合い、協力し合いましょう。たとえば交代で家に呼んだり、泊まらせたり、みんなでお金を出し合ってベビーシッターを雇ったりするのです。そうすれば親は図書館に行ったり、短時間でもリラックスしたりできます。

・刺激を与える：「外向型」の子供は何かを工夫し、つくりあげることが大好きです。そして注目され、認められることで実力をつけていきます。子供の能力を引き出したいなら、親は子供に興味深いテーマ（人形、サーカス、インタビューごっこ、お絵かき）を与えるだけで十分です。

・子供から距離を置く：子供は１人で遊び（勉強し）、親は自分の時間をもつ。そういった時間を家族生活に取り入れましょう。でも子供がそれを拒み、友達を呼んで誕生日会を開きたいと言い出したらどうするか？　誕生日会は家ではなくカフェやレストランなどでも開くことができます！　親は子供に自分たちができることとできないことをはっきりと示すべきです。宿題を常に見てあげる必要もありません。「外向型」の子供はテレビをつけっぱなしにして宿題をするのが好きですが、テレビを消してひとりで勉強させましょう。親はその間に静かな時間をすごせばいいのです。

4　子供の才能を評価する

　親が子供の才能を評価することは大事です。子供が「内向型」であろうが「外向型」であろうが、それは同じです。子供の才能を評価するとは、その子がもつ強みを認識することです！　特に「外向型」の子供は親から評価されると実力を発揮します。ただし子供をほめるときは「上手に説明できたね！」と一言でほめるのではなく、「遊びのルールをお友達に上手に説明できたわね。あなたが例をあげてわかりやすく説明したから彼女はすぐに遊びに参加できたのよ」といったように具体的にほめてあげるようにしましょう。

「外向型」の子供は他人から評価されたいと常に思っています。ですから親からほめられると「内向型」の子供以上に喜びます。「宿題、よくやったね」、「あなたがつくってくれたプレゼント、とても気に入ったわ」、「友達に電話で連絡してあげるなんてとても親切ね」という具合にできるだけほめてあげましょう。

5　集中力をつけさせる

「外向型」の子供は「内向型」の子供とは違い、「チームワーク」や「話す」ことが得意なので学校でうまくやっていけます。ですが長時間集中して1つのことに取り組むのが苦手なので、「授業中にじっとしていられない」、「自習できない」、「宿題ができない」などの問題をかかえることがあります。

　集中力はトレーニングできます。まずはどんなにたくさんの課題も少しずつやれば終わらせることができると子供に教えることです。課題をこなせたらほめてあげることも大事です。「外向型」の子供は次々とやることを変えたがります。これは大目に見てあげましょう。でも「これが終わったら次のことをしてもいい」というふうに

集中する時間を決めてその時間を次第に延ばしていきましょう。宿題は遊び感覚でやらせるといいでしょう。たとえば「20分間で算数の問題を何問解けるかやってみよう！」とけしかけるのです。「外向型」の子供は楽しみがあるとそのことに集中できます。

強みと弱みを自覚する

　子供は自分の強みを自覚するのが早ければ早いほど、両親から認められ、愛されていると感じることが多ければ多いほど、精神的に安定します。個性が尊重される家庭で育てられる子供は、自分自身とも他人とも正しく向き合うことができるので、大人になるのも早いです。

まとめ

・「内向型人間」は「外向型人間」とは違い、ひとりで生きることが得意です。しかし「内向型人間」にとっても誰かと生活を共にすることがすばらしいことに変わりはありません。

・「パートナー探し」は「内向型人間」の強みを結集して行うべきです。

・「内向型人間」のパートナーは「外向型」でも「内向型」でも構いません。しかし注意すべきことや克服すべき問題は、パートナーが「外向型」か「内向型」かで変わってきます。

・パートナーとの共同生活で大事なことは、自分がもつ心の要求と相手がもつ心の要求の両方を認識し、それらを尊重することです。共同生活はチームワークだという自覚があれば、違いがあるからこ

そ人間的に高め合えるのだと思えるようになります。

・シングルの「内向型人間」は独身生活を楽しむことができますが、引きこもったり、生活がマンネリ化したりする恐れがあります。そうならないために大事なことは、習慣化したり、計画的に実行したりすることです。

・共同生活で大事なことは子供がいようといまいと同じです。家族全員がそれぞれの心の要求や性格を尊重すると共同生活はうまくいきます。妥協すること、相手を思いやることが多くなれば、家族みんなが理解し合えるようになります。

・子供は成長し、人との付き合い方を学んでいく段階でさまざまな心の要求をかかえます。「内向型」の子供には「内向型」の、「外向型」の子供には「外向型」の要求があります。親は子供の要求と性格だけでなく、自分自身の要求と性格を理解しようと努めなくてはなりません。自分自身を理解すれば自分の強みを活かし、子供の成長を支えることができるからです。

第5章 職場でのふるまい方

　ホルガー（27歳）は大手製薬会社の企画部門の社員です。同僚のボリスと同じ部屋で働いています。「内向型人間」なので静かなところでないと長時間集中して仕事に取り組むことができません。

　ホルガーには1つだけ我慢できないことがあります。それはボリスに集中力がないことです。30分も集中していられません。椅子に座って15分もすると電話をしはじめたり、立ち上がったりします。その都度、理由をホルガーに説明します。ホルガーはボリスにとって唯一の話し相手だからです。ボリスは何かあると必ずホルガーに相談します。誰かに話すと問題を解決しやすいと言うのです。ホルガーはボリスが何か話してくるたびに仕事の手を止めなくてはなりません。一度仕事の手を止めると、再び集中するまでに時間がかかります。ですからホルガーはボリスの態度にたびたびイライラさせられ、腹を立てていました。ボリスはホルガーの怒りに気づいていないのでしょうか？　そんなことはありません。ホルガーが勇気を出して「もう少し静かに仕事をしてほしい」と言うと、ボリスもしばらくは反省し、静かになります。でもすぐにまた元の状態に戻ってしまうのです。

同僚を自分で選ぶことはできない

　一緒に働く人間を自分で選べることはほとんどありません。同僚や顧客や上司はそれぞれ異なる特性や目標や気持ちや興味をもっています。そういった状況は、他人から邪魔をされるのが嫌いな「内

向型人間」にとって耐え難いかもしれません。ですが「内向型人間」がみんなホルガーと同じように超「外向型人間」と仕事をするわけではないので、安心してください！

どんな分野でも成功する「内向型人間」

「内向型人間」は少数派ではありません！　経営管理者、校正者、研究者、ＩＴの専門家だけが「内向型人間」ではないのです。「内向型人間」はどんな分野にもいます。「内向型人間」は「外向型人間」同様、自らの強みをビジネスに活かして成功しています。いくつかの分野では「内向型人間」のほうが成功しているくらいです。デジタル革命やソーシャルネットワーク革命は、辛抱強く１つのことに取り組む「内向型のマニア」がいなければ起こらなかったはずです（でも「内向型人間」がいなければ、ハッカーもいないかもしれませんが……）。

チームの中の「内向型人間」

「内向型人間」はチームワークができないのか？

「内向型人間」はひとりで仕事をしたり、考えたりするのが好きです。だからチームワークが苦手だと思われがちです。一方「外向型人間」はチームワークが大好きなので得意にも見えます。ですがこの見方は当たっていません。「内向型人間」がいないと多くのプロジェクトは成立しませんし、チーム自体も実力を最大限発揮することはできません。しかし「内向型人間」は「外向型人間」とは違う行動をし、チームメイトから過小評価されることが多いのは事実です。

チーム内で過小評価される「内向型人間」

「内向型人間」は「静かな人」です。チームワークだからといって、そのことを変える必要があるでしょうか？「内向型人間」は自分があげた成果が他のチームメイトから認められると実力を発揮しはじめます。しかしチームメイトから認められるかどうかは、専門分野や企業構成や同僚や上司の見解やチーム内の「内向型人間」と「外向型人間」の比率といった要因に左右されます。

　知り合いのザビーネは、数か月前まで大手コンツェルンの社員で、あるプロジェクトチームに所属していました。彼女ともうひとりの同僚は「外向型人間」ばかりのチーム内でまさに日陰の存在でした。プロジェクトマネージャーである女性上司はザビーネに「プロジェクトチームから出て行って欲しい」と遠まわしに言いました。ザビーネには個性と積極性が足りないと思っていたからです。ザビーネは彼女の意向を受け入れ、他企業に履歴書を送り、採用が決まり、以前よりもいいポジションで働けることになりました。計算や見本作成が得意なだけでなく、部署間の連絡を取りまとめることに長けていたからです。プロジェクトマネージャーはそんなザビーネの特性を知りませんでした。ただ「静か」だからという理由だけで彼女を過小評価していたからです。そうこうしているうちにそのツケはまわってきました。チーム内の情報収集がうまくいかなくなり、作成した見本についてクライアントからクレームを受けてしまったのです。プロジェクトマネージャーはそれでも自分の非を認めようとはしませんでした。それどころか「あなたが注意しなかったからこうなったのよ」とザビーネを最後に非難したのでした。

特性が認められなかったら

「内向型人間」の多くがザビーネのような経験をしています。強み

を活かせさえすれば成果をあげ、チーム全体に貢献できるのに、チームメイトからは「もの静かで何もできない」と決めつけられてしまうのです。「外向型人間」は「内向型人間」の長所に気づけない、というのが「内向型人間」が評価されにくい理由でしょうか？　これには「はい」とも「いいえ」とも答えられます。なぜなら「内向型人間」は自らの強みと成果をアピールすることが少なすぎる、というのも評価されにくい理由だからです。

「内向型人間」のチームワークを成功させる方法

　では、「内向型人間」は自らの成果を適切に周囲に示すために、どう同僚と仕事をし、コミュニケーションすべきなのでしょうか？　同僚も自分も気持ちよく仕事をするために何ができるのでしょうか？

　「内向型人間」はチームワークを成功させたいなら、自分の要求だけでなく同僚の要求も尊重しなくてはなりません（同僚の中でも「内向型」の人の要求は尊重しやすいでしょうが……）。次を読めば、自分と同僚の要求をうまく調和させることができます。

同僚とうまくコミュニケーションする方法
1　あなた自身の要求：ひとり黙々と仕事がしたい。
「外向型人間」の同僚の要求：小刻みに仕事をしたい。同僚に相談したり、成果や今後の予定について定期的に話し合ったりしたい。

対処法：自分と同僚が仕事の仕方を調整できるような話し合いの場を定期的にもつようにしましょう。その際、ひとりで仕事をしたい時間を主張しておけば、集中的に仕事をする時間を確保することが

できます。

具体策：
・人より早く出社し、遅く退社するようにしましょう。すると「ひとりでいられる時間」が手に入り、その間に集中的に仕事をすることができます。
・ミーティングのあとはすぐに仕事に戻らないで、同僚と個別に仕事の話をするようにしましょう。
・一緒に仕事をする同僚と１日の仕事の流れについて話し合いましょう。そして誰からも邪魔されずに仕事に集中できる時間を確保しましょう。
・自分の仕事を小分けにし、定期的に休憩を取りましょう。休憩時間を同僚とコミュニケーションする時間に充てるのです。Ｅメールや内線でコンタクトをとってもいいでしょう。
・仕事に集中しているときに同僚から話しかけられたら、「今、急ぎの仕事があるから、あとでコーヒーでも一緒に飲みながら話そう」とあとで話す約束をしましょう。ただし同僚も急いでいるときは、「あとで」とは言わずにすぐに対応すること！
・同僚とはなるべく仕事の話をするようにしましょう。「先週問題のあったあのクライアントはどうなったの？」などと質問し、同僚の仕事に興味をもっていることを示すとよい印象をもたれます。

２　あなた自身の要求：ときどき静かな時間が欲しい。
「外向型人間」の同僚の要求：ときどき同僚と話がしたい。

対処法：通常勤務の日でもイベントがある日でも、同僚とコミュニケーションする時間を必ず１日の予定に組みこみましょう。同様にひとりで仕事をしたり、休憩したりする時間も予定に入れましょう。

具体策：
・職場は「舞台」であると思ってください。舞台では演じなくてはなりません。だからときどき「舞台」を去って休憩することが必要です。昼休みに散歩したり、トイレで一息ついたりして、気持ちを落ち着けましょう。
・ときどき同僚とランチを食べましょう。大勢で食べるのではなく、２、３人で食べるのがいいでしょう。その時間を利用して同僚の話を聴くのです。
・研修やイベント中（スピーチや講義中）に休憩をしましょう。話を聴いているだけの時間を心を落ち着ける時間にするのです。
・チーム内にある目に見えないルールを見つけ出しましょう。どういったコミュニケーションが求められているのかを探るのです。それがわかったら、できるだけそれにしたがいましょう。
・あまり大事でない活動には参加しない勇気をもちましょう。たとえば、ばたばたと走り回ったイベントのあとの飲み会などは断ることです。一度断っても、エネルギーがあるときにその埋め合わせをすればいいのです。イベントが何日も続く場合は、１日目の飲み会には参加しなくても２日目は参加するというふうに工夫すればいいのです。
・楽しいことを自ら企画し、同僚をそれに誘いましょう（たとえば、新しくオープンしたカフェにみんなで行く、同僚の誕生日にみんなでプレゼントをするなど）。

３　あなた自身の要求：人と話すより仕事をしていたい。
「外向型人間」の同僚の要求：コミュニケーションをとおして同僚のことをもっと知りたい、成果を確認したい。

対処法：同僚とは効率よくコミュニケーションをはかる。

具体策：

・同僚とのコミュニケーションに時間を取られたくなければ、自分があげた成果を書面にまとめておきましょう。自信がつくだけでなく、時間があるときに同僚に成果をまとめて伝えることができるからです。たとえば「私もそれと似たようなプロジェクトを今終えたところ。私のはここに書いてあるとおり……」と説明できます。

・会議を大いに活用しましょう。これについては第9章を参照のこと！

・自分が高く評価する同僚とは定期的にコミュニケーションしましょう。その際には第6章にある注意点を参考にしてください。

・「内向型人間」の優れた観察力と分析力を活かして、同僚が大事にしていること、好きなことを知りましょう。そしてその知識を同僚との会話に活かしましょう。たとえば「ベルリンで開催されているボッティチェリ展に興味があると言ってたよね。妹が最近行って『すばらしいから絶対に行くべきだ』と言ってたよ！」などと会話の話題にするのです。

・自分のユーモアのセンスを知り、それを周囲の人を引きつけるために利用しましょう。ただし皮肉や嫌味は禁句です。

・「内向型人間」は会議やミーティングの要点と結論をまとめることに長けています。ですからこの点で、「外向型」の同僚（上司も！）を積極的に助けてあげましょう。

・チーム内の自分の任務を自覚し、同僚と正しくコミュニケーションをはかることに努めてください。自分の担当分野の成果は責任をもって同僚に報告しましょう。また新しい課題を与えられたり、新人の教育を任されたりした場合は、「自分がやるべきこと」をきちんと自覚してから行動するようにしましょう。「うまくいかない」場合はすぐ同僚に相談すること。

- コミュニケーションの目的を常に意識することです。同僚に注意するのは非難するためではなく、問題の解決策を見つけるためであると自覚しましょう。たとえば「そんなことしていたら間に合わないよ！」ではなく、「締め切りに間に合わすためにはどうすればいいか考えよう」と言うべきです。言い方次第で現状は変わります！
- チームワークが成功したら、その都度みんなでお祝いしましょう。ポジティブな感情をみんなで分かち合い、盛り上げ、成功を目に見える形で喜ぶことは大事です。祝い方と予算に関しては上司に相談しましょう。

「内向型人間」が会社の幹部になったら

「内向型」の幹部の特徴

あなたは会社の「幹部」でしょうか？　それなら何人もの部下を抱えているでしょう。「内向型人間」として成功した社長やマネージャーはたくさんいます。それには理由があります。アメリカの話し方の専門家兼コーチであるジェニファー・カーンウェイラーは著書の中で、「内向型」の幹部が活かせる強みは次の3つだと説明しています。「自らの責任が及ぶ場所では先頭に立ち、みんなのために尽くすことができる」（強み（7）：自立している）、「決して過剰でない静かな自信がある」（強み（5）：落ち着いている）、「部下の心の状態や要求を見抜くことができる」（強み（4）：人の話を聞くことができる、強み（10）：人の気持ちがわかる）。活動的で高いモチベーションをもった社員は「内向型」の上司の下では独自のアイデアを活かしたり、才能を開花させたりできるそうです。

もちろん「内向型」の幹部にも乗り越えなくてはならない問題（「ストレスを抱えやすい」、「人脈が足りない」、「自己アピールがう

まくできない」、「他人から誤解されやすい」など）があります。これらの問題は「内向型人間」の典型的なコミュニケーションの仕方と弱みに関係しています。

快適ゾーンから一歩抜け出す
「内向型人間」にとって会社の幹部になるということは自らの快適ゾーンから一歩抜け出すことのように感じられます。これまでは見渡せる範囲にあることだけを処理していればよかったのに、幹部になるといろいろな部署に属する人間とコンタクトしながら全体を取りまとめるという大きな課題をこなさなければならないからです。「細かいことにこだわる」、「人付き合いを避ける」、「争うのがこわい」といった弱み（2）、（9）、（10）をかかえている人には、社長になるなんて悪夢にしか思えないかもしれません。難しい課題と責任を容赦なく負わされる過酷な環境の中で働くなど想像すらできないかもしれません。ですがこれは経験が足りないだけなのです。経験を積めば、何事も対処しやすくなります。

「内向型人間」の中には幹部になることを断る人もいます（周囲に振り回されたくない、という自立心からなのかもしれません）。断ってもいいでしょう。ですがもしあなたが幹部になるかならないかで悩んでいるなら、これだけは心にとめておいてください。快適ゾーンから抜け出さないと幹部になれないなんてことはありません！すでに書いたとおり「内向型」の特性を活かして活躍している社長やマネージャーはたくさんいるのです。

　では、「内向型」の幹部はどうすれば実力を発揮できるのでしょうか？　その答えを次にまとめました。

「内向型」の幹部が実力を発揮する方法（1）：
自信をつける

部下と適切なコミュニケーションをはかる

　なぜ自信が必要か？　その理由は簡単です。上司が自分自身に満足していなければ、部下を満足させることは無理だからです。自信がない人は知らない間に口調や態度や行動をとおして「私は自分に自信がない」というシグナルを周囲に発しています。それでは部下を引っ張っていくことは無理です。あなただってこんな上司についていこうとは思わないですよね？　自信とは自ら育むことができるものです。自分を信じる訓練をしましょう。自分の強みを自覚し、弱みをネガティブに評価するのではなく、ただ受け入れること（周囲の評価は気にしない）。自己認識と自信は密接に関係しているのです。

成功日記を付ける

「内向型人間」は自分の態度や人との接し方や考えを常に厳しくチェックしています。だから自分をネガティブに評価してしまうことが多いのです。あなたもそうでしょうか？　もしそうなら「自信をもちたい」という気持ちを強く抱き、考え方を変えていきましょう。毎晩「今日、うまくできたことは何か？」、「自分のどんな強みを活かすことができたか？」と考えてみましょう。早く自信をつけたいなら、うまくいったことを日記に付けるのがいいでしょう。どんな小さなことでもいいので、毎日記入するのです。「成功日記」を付けると前向きに自分を評価できるようになり、自信がつきます。

　もし徹底的に自信をつけたいなら、コーチングを受けるべきです。専門家が適切な指導をしてくれます。

「内向型」の幹部が実力を発揮する方法（2）：
どんな人にも配慮できる

周囲に関心をよせる

　方法（2）は、「人の気持ちがわかる」、「集中力がある」、「人の話を聞くことができる」という「内向型人間」の強み（10）、（3）、（4）に直接関わるものです。まずは自分よりも上司（自分よりポジションが上の幹部）や部下や同僚により多くの関心をよせることが大切です。

「内向型」の幹部はどんな人にも配慮を忘れないようにすると、自らの影響力を高めることができます。次のような能力や特性が養われるからです。

・社員から個人的なこと（たとえば、病気の子供がいる、どこに休暇旅行に行くかなど）を聞き出す能力
・本質的なことに的をしぼり、話をする能力
・先入観にとらわれず人の話を聞く能力（すぐに批判したり、判断したりしない）と思慮深さ
・自らの地位を誇示したり横柄な態度を取ったりする相手の意見をも冷静に聞き、参考にする寛容さ

「人の気持ちがわかる」という強みを活かして存在感を高める

　どんな人にも配慮できる幹部には存在感があります。存在感は方法（1）を身につけるだけでもてるものではありません。自信過剰な人、自分にしか関心がない人に影響力はありません。人との接触を増やしても、そこに配慮が欠けていては人を引きつけることはできません。興味をもっているかどうか、真剣に話を聞いているかど

うかはどんな人にも自然と伝わるものだからです。

　部下に積極的に関わろうとする上司は、情報が得やすくなります。誰でも、相手が自分に関心をもっているとわかると何でも話したがるものだからです。一方、上司は部下が大事にしていること（プライベートな時間、昇給、興味深いプロジェクトなど）を知ると、部下のモチベーションの上げ方だけでなく、教育のいきとどいていない部分、問題点、何を決断すべきかなどがわかるようになります。すると誰にどの仕事が向いているか、教育すれば能力が伸びる人間は誰かを知ることができるのです。つまり社員を知り尽くせるということです。すると部下は以前にも増して上司から評価され、大事にされていると感じられます。

「内向型」の幹部が実力を発揮する方法（3）：全体を見渡す

会社の目標を常に念頭に置く

　できる上司は目下進行中のプロジェクトだけでなく、その先も見とおしています。会社の目標と担当部署の課題とキャパシティーを全体的に把握しています。日常の諸事に振り回されずに何ごとにも優先順位をつけ（やるべきことは山のようにありますから！）、臨機応変に対応できます（予想もしないことが起こるのが仕事ですから！）。

計画する：「内向型人間」の強みを活かす

　担当部署の将来的展望と目標をきちんと把握して計画を立てると、全体を見渡せるようになります。計画が軌道に乗ればなおさらです。「内向型人間」は計画を立てることが得意です。目標を見据え（強

み（2））、現状を分析し、やるべきことに優先順位をつけ（強み（6））、それらを書面にまとめる（強み（9））ことが得意だからです。目標を追い求めるねばり強さ（強み（8））も兼ね備えています。

　この方法（3）を利用すれば、あなたの仕事の効率が上がります。目標達成に向けて部下を励ますこともできるでしょう（方法（2）を身につけていれば特に）。きちんと計画を立てていれば、会社の最上層部と話し合い、判断を仰ぎ、重要な決断を下すこともできます。ここまでくれば自分がすべきことは明らかです。あとはただ突き進むのみです！

「内向型」の幹部が実力を発揮する方法（4）：社員と積極的に会話をし、争いごとを解決する

チーム内のコミュニケーションを観察する

　部下が仕事のノルマをこなしているかどうかをチェックするだけが上司の役目ではありません。担当部署内のコミュニケーションを監視するのも大事な仕事です。社員同士のコミュニケーションはとれているか？　チームリーダーとチームメイト、チーム同士のコミュニケーションはうまくいっているか？　誰と誰が話し合う必要があるか？　上司がこういったことを常に考えないと大変なことになります。争いごとが増え、社員同士のコミュニケーションが減るだけでなく、情報が行きわたらなくなり、重大なミスが起こって大きな損失が生じる可能性もあります。また社員同士の誤解が増え、部署内に派閥ができるかもしれません。

　方法（4）を活用するためにはコミュニケーション能力が必要に

なります。次に社員とうまく会話する方法と争いの解決法をまとめました。

歩き回る上司

「Management by walking around（歩き回る経営）」。これは、アメリカで30年も前から使われている経営学用語です。幹部は机に座ってばかりいないで「歩き回らなければならない」という意味です。会社を歩き回るといろいろな社員とコミュニケーションをはかれるからです。なるべく１対１、もしくは、２、３人で話をするよう心がけましょう。その方が社員の意向がよくわかります。少人数で話をすると会議では出てこないような意見を聞けることもあります。

さあ立ち上がって、部下や同僚のところ（仕事中でも、ランチタイムでも）へ行って話をしましょう。出張中やエレベーターの中、電車を待っているとき、どんな機会ものがさず話しかけるのです。ですがどんなときにも相手への配慮は忘れないこと（方法（２））。目指すは「話しやすい上司」です！

「歩き回る経営」には次の２つの長所があります。１つ目は「いろいろなことが聞ける」こと。社内事情（特に、争いやいじめなど）、最新情報、秘密やプライベートなこと、今後の可能性や問題点について「聞く」ことができます。２つ目は「みんなに好かれる」こと。社員をよく知る上司として信頼されることです。信頼できる上司がいてはじめて会社は成り立つのではないでしょうか。

人間なら争って当然

人が集まると必ず争いが起こります。行動や振る舞い、生き方や性格、気持ちや欲求は人それぞれ違うからです。職場では年齢や育

った環境や文化背景の異なるいろいろな人間（同僚、上司、部下、顧客、ビジネスパートナー）が接触します。こんなにも違う人間が一緒に仕事をするのですから、意見の食い違いから争いが起こっても不思議ではありません。本章の最初に紹介したボリスとホルガーの例を思い出していただくとわかりやすいと思います。

争いがチャンスになる

　意見が食い違うだけでは争いは起こりません。それが当事者の心に負担をかけ、仕事を妨げるようになってはじめて争いは起こります。争いは時限爆弾のようなものです。当事者が積極的に解決しようとしない限りエスカレートしつづけます。そのせいで部署や会社全体が機能しなくなる可能性もあります。しかし当事者が心のわだかまりを正直に告白し、争いを積極的に解決しようとすれば現状を打開するチャンスになります。争いはチーム内の問題点、つまり「コミュニケーションのブレ幅」を示す地震計のようなものです。ですから争いが起こったら、現状、つまり社員同士のコミュニケーションや仕事の仕方や仕事に対する姿勢を見直せばいいのです。こういった見直しも上司の仕事の1つです。

争いに積極的に立ち向かう

　争いは爆弾にもチャンスにもなる。だからこそ上司は争いに積極的に立ち向かっていかなくてはならないのです。まず大事なことは、当事者たちの違いを考慮して解決策を探ることです。たとえば、日本人とフランス人、実習生とシニアマネージャー、「内向型人間」と「外向型人間」といった違いを意識し、解決策を考えましょう。先に紹介したホルガーとボリスの対立の場合、上司がいち早く2人の不仲に気づき、別々のプロジェクトにつかせたことで深刻な状況に陥るのを避けることができました。ホルガーには1人部屋を与え、

ボリスを「外向型人間」が大勢いる大部屋で働かせることにしたのです。

あなたへの質問

あなたは「内向型」の幹部が実力を発揮する4つの方法を実行するために必要な能力を十分もっているでしょうか？ 十分もっている能力と改善の余地のある能力を書きこんでみましょう。

「内向型」の幹部が実力を発揮する方法（1）：自信をつける

十分もっている能力

改善の余地のある能力

「内向型」の幹部が実力を発揮する方法（2）：どんな人にも配慮できる

十分もっている能力

改善の余地のある能力

「内向型」の幹部が実力を発揮する方法（3）：全体を見渡す

十分もっている能力

改善の余地のある能力

「内向型」の幹部が実力を発揮する方法（4）：社員と積極的に会話をし、争いごとを解決する

十分もっている能力

改善の余地のある能力

なぜ「内向型人間」は昇進しにくいのか

「内向型人間」の多くは効率よく仕事をして成果をあげられるのに、なかなか昇進できません。自画自賛したり、自慢したりできないからです。これはよい性格でもありますが、逆にこの性格のせいで昇進のチャンスを逃してもいます。昇進を決定する役員の目に「内向型人間」の成果と成功が見えないのです。

キャリアアップしたいなら、ある程度は自画自賛したり、自慢したりできなくてはなりません。誇張したり、嘘をついたりする必要はありませんが、自分の成果を周囲に見せることは大事です。次の基本原則を守れば、自分の強みと成果を上手にアピールすることができるようになります。

キャリアアップするためのコミュニケーション：守るべき5つの基本原則

原則（1）：「成果リスト」をつくり、上司だけでなく自分をも満足させる！

自分の成果を書きとめましょう。自分が上げた売上額、こなしたプロジェクト、解決した問題、成立させた交渉（特に、扱いが難しい同僚や顧客との交渉）、何でもいいです。人間は書いたことをなかなか忘れることができません。だから成果を書きとめると自分をネガティブに評価することも少なくなります。それでも「自分の成果に満足できない」という人はどうすればいいでしょうか？　まずは満足していようがいまいが自分の成果をとにかくリストにまとめることです。すると完璧主義や自己批判を多少なりとも食い止める

ことができます。自分の成果を意識する習慣を身につけましょう。

「成果リスト」づくりを習慣にできたら、半年ごとにそれらをチェックし、特別な成果だけをＡ４サイズの紙にまとめましょう。もしあなたが会社員で、上司の指導のもとにあるプロジェクトに取り組んでいるなら、このリストを利用して上司に成果を報告するのがよいでしょう。そうすれば昇給の交渉だって可能です！「自分が上げた成果」の全体像を常に把握しておくと、小さな成果にも気づけるようになり、失敗にこだわらなくなります。自分の得意とするものや興味が明確になるのでそれが自信につながるのです！

　この「成果リスト」をキャリアに活かしたいなら、職場で高く評価される成果をあなた自身が自覚していなくてはなりません。
―何が成功と見なされるのか？
―何が高く評価されるのか？
―どういった能力が必要とされているのか？
　この答えに当てはまる成果だけを上司に伝えればよいのです。

「成果リスト」は、部下を厳しく管理し、どんなことにも干渉したがる「マイクロマネジメント型」の上司に対しても有効です。定期的に（１、２週間に１回）担当プロジェクトの進行状況を１枚の紙にまとめて上司に報告しましょう。報告書のフォーマットと記載事項は統一すること。たとえば、タイトル、箇条書きの現状報告、目下の課題、解決すべき問題点といった順に記載します。こういった報告書なら神経質な上司であっても安心させることができるはずです。

原則（2）：同僚との関係、上司との関係を深める

　自分の成果はチームミーティングやプレゼンテーションなどをとおして伝えるのが普通ですが、こういった「公」の場以外にも成果をアピールできる場はあります。しかも、そういう場は会社の中でも外でも自分でつくりだせるものなのです。たとえば同僚や上司と昼食を一緒に取る、誕生会を開くなどして気兼ねなく話ができる場を自らアレンジしましょう。

原則（3）：興味のあることを周囲に伝える

　原則（1）を実行すると、自分の興味や得意分野を知ることができます。それらをできるだけ周囲に伝えてください。それがキャリアアップにつながります！

　目に見える形で示されない限り、周囲の人たちはあなたの興味や得意分野を知ることはできません。ですから特定の分野やプロジェクトに興味をもったらしかるべき人にそれを（さりげなく）伝えることです。原則（2）を実行するとうまく伝えることができるでしょう。

原則（4）：責任を取る

　職場では「自分が得意でない仕事」もこなさなくてはなりません。周囲はあなたがそれをやり遂げられるかどうかを見ています。ですからどんな場合も自分の責任をきちんと自覚し、仕事に取り組む必要があります。

　「自分が得意でない仕事」とは気難しいビジネスパートナーや幹部

を交えた会議で発言することかもしれません。もしそうなら、話したいことを整理して、会議に備える習慣を身につけましょう。準備をしていれば、プロジェクトの進行状況や要件について、自分より立場が上の人の前でも落ち着いて説明することができるはずです。

責任を取るとは、周囲に自分自身をさらけだすことを意味します。つまりあなたが何かに対して責任を取れば、周囲の人たちはあなたの目的や行動をすべて把握することになるのです。失敗すら隠すことはできません。そう考えると、責任を取ることはリスクを負うことでもあります。責任を取ることは簡単ではないために、みんな昇進するのに苦労しているのです！

原則（5）：責任を委ねる

原則（5）は原則（4）と決して矛盾していません。あなたが自分の仕事に対して責任を取るためには、まず他人にある程度仕事を任せ、それを見守ることができなくてはなりません。同僚や部下が課題をこなしてくれることを信じて、責任を部分的に彼らに委ねるのです。同僚や部下は必要とされるとやる気を出します。チームの士気も上がります。一方、あなた自身は仕事を他人に任せることで、心理的、時間的余裕をもて、自分の仕事に対してよりしっかりと責任を取れるようになります。つまり、原則（5）と原則（4）はつながっているのです。

しかし、1つだけ注意してください。仕事を他人に任せるのはよいことばかりではありません。たとえば部下にイベントの企画を任せようとすれば、あなたは前もって部下を指導しておかなくてはなりません。指導には時間がかかります。またプレゼンテーションを

任された部下が大きな失敗をした場合の責任はあなたにあります。原則（4）にも書いたとおり、責任を取るとはリスクを負うことなのです。部下や同僚に仕事を任すのは慣れないうちは大変です。しかしみんなが経験を積み、あなたの指導がなくてもイベントを企画したり、プレゼンテーションを成功させたりできるようになれば、仕事はかなり効率化されます。

コミュニケーションツールを利用する

常に連絡できる

　職場では会話だけでなく、電話やEメールも大事なコミュニケーション手段です。アイフォンやスマートフォンさえもっていればEメールをチェックしたり打ったりすることができるので、会社にいなくても仕事の関係者とコンタクトすることができます。これがビジネスの基本になりつつあります。

　たいていの人は電話とEメールのどちらかを好んでよく使っています。私の経験によると、「内向型人間」は電話よりEメールを好んで利用しています（その理由は次の項目で説明します）。しかし個人の好みに関係なく、状況や連絡相手によって電話がよい場合とEメールがよい場合があります。つまりビジネスシーンでは電話とEメールを使い分けなくてはならないということです。次に「内向型人間」向けの電話とEメールの活用法をまとめました。ただし必ず会って話さなくてはならない場合（妊娠の報告や退職願いや重要な間違いの指摘）もあることだけは忘れないでください。

電話がストレスの原因になる

　「内向型人間」の多くは電話があまり好きではありません。電話が

鳴ると邪魔された気分になるからです。特に1つのことに長時間集中して取り組みたい願望が強い「内向型人間」には電話嫌いが多いようです。「電話がストレスの原因になる」というのは一般的に言えることです。なぜなら電話が鳴ると、そこで人間の集中力は途切れ、再び集中するためには多くのエネルギーが必要になるからです。また電話を受けると、相手の用件に即座に対応しなくてはなりません。これが「内向型人間」にとってさらに大きなストレスになります。電話は直接会って話をするより難しい場合が多いです。声（抑揚、大きさ、話す速さ、イントネーション）だけで相手の心情を理解し、対応しなくてはならないからです。さらに電話では、Eメールのように考えてから打つのとは違い、相手の質問にすぐ答えなくてはなりません。つまり「内向型人間」にとって、電話を受けることは、最も無防備な状態でコミュニケーションを強いられることなのです。一方「外向型人間」は、電話を受けるのもかけるのも好きです。仕事中のよい刺激になるからです。

電話をかけるのは試練

「内向型人間」は自分から電話をかけるのも嫌いです。これにも理由があります。相手が顧客だろうが上司だろうが同僚だろうが、「今電話をすると相手の邪魔になるかもしれない」と考えてしまうからです。自分が電話を受けるのが嫌いなので「相手も嫌いに違いない」と考えてしまうのです。また、相手がいきなり違うことを言いだして話が脱線することをおそれてもいます。たとえば「社長がいきなり別の案件について話しはじめたらどうしよう」、「顧客がいきなり苦情を言いはじめたらどうしよう」、「同僚が別の話をはじめて、会話が延々と続いてしまったらどうしよう」と不安になるのです。でも、一番嫌なのは見ず知らずの人に電話をかけることです。知らない人の場合、すべてが予想不可能だからです！「内向型人

間」はコールセンターではきっと働けないでしょう……。

ストレスのない電話の仕方
　まず大事なのは、Eメールを打つより電話をした方がよい場合とはどんなときか、電話を受けるとき、かけるときに「内向型人間」がかかえるストレスをどう減らすことができるかを考えることです。

電話の活用法とストレス軽減法

電話をかける方がよいとき
・何かを手っ取り早く伝えたいとき：Eメールを打つより時間を節約できます。

・書面にはしたくない（書面では誤解される可能性がある）「微妙なニュアンスを含んだ」内容を伝えるとき：声にすると書面では表現し切れないものまで伝えることができます。特に相手と直接会って話がしたくてもできない場合は電話が最も有効な手段になります。

・交渉するとき：たとえば販売価格について顧客から承認を得たいときは「慎重に」話を進める必要があるので電話で話すほうがよいです。Eメールで交渉すると承認を得られるまで何度もやり取りをすることになり、効率が悪くなります。

電話をかけるときの注意点
・電話をかける前に用件（相手に対する要求、未解決の問題点、大事な情報など）を箇条書きにしてまとめておきましょう（強み（9）：「書くことが得意」）。言いたいことを明確にしておくのです。それでもまだ自信がないときは、最初と最後に言う言葉を決め、そ

れを書き出しておきましょう。

・用件をまとめておくと、いきなり留守番電話に切り替わり、メッセージを残さなければならない場合でもあわてずに対応できます（留守番電話に残したメッセージは消去することができないので重要）。書いたものを読むだけなので、ストレスを感じずに落ち着いて話すことができます。

・留守番電話のメッセージのまとめ方
　次の基本情報を入れて簡潔にまとめる。
―名前
―電話した理由
―電話番号
―相手への要求：相手にして欲しいこと
―締めくくりの丁寧なあいさつ（「早目にお返事をいただけると幸いです」など）

・「相手の仕事の邪魔をしたくない」と思うなら、本題に入る前に「私の話は５分くらいかかりますが、お時間は大丈夫ですか？」と尋ねましょう。特に携帯電話に電話をかけるときは、相手がどこで何をしているかわからないので必ず聞くようにしましょう。相手が忙しそうなら、都合のいい時間帯を聞いてあとで電話をすることです。そのほうが落ち着いて話ができます。

電話を受けるときの注意点
・電話が鳴ったら、まず「今、自分は電話に出たいか」と自問しましょう。最近は相手の番号が電話機のディスプレイに表示されるので「電話に出るか出ないか」を決めやすいはずです。

・「電話に出る」と決めたら、長電話しないですむ方法を考えましょう（相手とじっくり話がしたい場合は例外）。まずは相手に「X分くらいですむ話ですか？ Y時までしか時間がないのですが……」と時間があまりないことを伝えましょう（これは特に話好きな相手には効果的です）。最初にこれを伝えなかった場合には、十分話をしたところで「これでXXの点に関してはクリアになったと思います。お電話ありがとうございました。これから予定があるので（ミーティングなので）失礼させていただいてもよろしいですか？」と相手に伝えましょう。「今、自分がやりたいこと」も予定のうちです。遠慮する必要はありません。

・「電話に出ない」と決めたら、留守番電話に切り替えましょう。そして時間的に余裕ができたところで相手に折り返し、電話をしましょう。留守番電話の内容次第ではEメールで返答してもいいでしょう。

・Eメールで返答するのが当たり前だと思っている人は電話をかけるのが嫌いな人です。そういう人こそ、電話のよさを知り、積極的に活用しましょう。電話に振り回されてはいけません！

安心できるEメール

「内向型人間」は電話よりもEメールを好みます。理由は「強み（9）：『書くことが得意』を活かすことができるから」、「書くのに時間がかかってもその分考えたり要点をうまくまとめたりできるから」、「一通を同時に複数の人に送信でき、グループコミュニケーションが可能になるから」、「直接話をするほどエネルギーを必要とし

ないのでストレスが少ないから」です。つまりEメールは「ひとりで落ち着いて仕事をしたい」という「内向型人間」の要求を満たしつつ、他人とのコミュニケーションも可能にする優れた手段なのです。

Eメールは高速のコミュニケーション手段

　しかしEメールによるコミュニケーションには「内向型人間」が見落としがちな弱点もあります。それは「打つ速度が速い」という点です。特に「外向型人間」はあまり深く考えることなくメールを打ってはすぐに「送信ボタン」をクリックします。打ったことを読み返しません。さらに手紙で書くような形式ばった言葉は使わずに表現をより会話に近づけようとします。「内向型人間」の多くはメールを書くことで慎重にコミュニケーションがはかれていると思いこんでいますが、それは自分の心配を取り除いているだけなのです。「内向型人間」はEメールを信用しすぎています。だから他人が書いた粗野なメールに腹を立てたり、短すぎる返答を拒絶と受けとったりするのです。

　「打つ速度が速ければ」、必然的に「返答も速く」なります。ですからEメールであっても、打つのに時間をかけすぎると相手の反感や不安をあおることになります。「私のメールは受けとっていただけたのでしょうか？」といった催促のメールを受けとったりしてしまいます。

Eメールからは言葉の裏に隠されたメッセージを読みとれない

　会話によるコミュニケーションにはEメールにはない長所があります。それは声を伝えることができる点です。たとえば私たちは電話をしながら相手の声のトーンから言葉以外のものを理解します。

「用事がどれほど緊急なものか」、「話の内容がどれほど真剣なものか」といったことを判断するのです。相手と直接会って話をする場合は相手の仕草や態度からも言葉の裏にあるメッセージを読みとります。こういったことはEメールでは無理です。情報の媒体は文字だけです。絵文字を入れたとしても伝えられる情報量はあまり変わりません。多くの人がEメールに絵文字を入れたがるのは文字だけでは身体言語的なものが伝わらないと感じるからでしょう。言葉の裏にある感情やメッセージは相手の仕草を見たり、声を聞いたりしてはじめて理解できるものだからです。

解釈しすぎる

　文章とは感情ではなく内容から成り立つものです。それなのに文章好きの「内向型人間」はそこから感情まで読みとろうとします。だからそっけない返事を相手から受けとると、避けられていると感じたり、「拝啓　マイヤー様」とメールに書いたのに「ハロー　ミュラーさん」という返事をもらい軽く見られていると怒ったりします。短い文章では書き出しの挨拶ですら相手を評価する基準になるというわけです。こうして「内向型人間」は相手を誤解します。そもそもの間違いは、自分がメールを書いたときに抱いたような感情を相手の返事の中にも見出そうとすることです。文章から書き手の身体言語的なものは読みとれませんから、書き手の感情を知ることなどとうてい無理なのです。

　Eメールを解釈しすぎてはいけません。多くの人は会話と同じ感覚でメールを打っています。あまり文章にこだわらず、ラフに、手速く打っているだけです。

　それでもEメールが多くの「内向型人間」にとって都合のよいコ

ミュニケーション手段であることに変わりはありません。連絡を取りたい相手とその内容がEメールに適しているなら活用してもよいでしょう。でもEメールによるコミュニケーションがどれほど心地よいものであったとしても、上司や部下や同僚と直接会って話をするのとは違います。Eメールを会話や電話を避けるためだけの手段にはしないでください。

次にEメールの最適な利用法をまとめました。先の「電話の活用法とストレス軽減法」と合わせて参考にしてください。

Eメールの最適な利用法

メールを打つほうがよいとき

・何かについて白黒はっきりさせたいとき（たとえば価格やスケジュールや役割分担を決定したいとき）：電話で話したことや口頭で交渉したことを文書化し、相手に再確認させるために利用するのもよいでしょう。

・疲れているとき：内容がEメールにも適しているなら利用してもいいでしょう。

・会議や会合の準備をしていて参加者全員に必要事項を伝えたいとき：Eメールは複数の人に同時に送信できるので、議事日程などをまとめて伝えるのに適しています。必要事項は添付資料として送ってもかまいませんが、できるだけメールの本文に収めるようにしましょう。

・コンタクトする相手が知らない人でどういう話し方をするかわか

らないとき：Eメールなら落ち着いて（よく考えてから！）連絡を取ることができ、ストレスをかかえずにすみます。

　Eメールを利用しましょう。ただし会話を避けるためだけに利用してはいけません。

　最後にもう1つアドバイスがあります。人とのコミュニケーションは大事ですが、いつでも連絡が取れる人になる必要はありません。電話もEメールのチェックも返答も時間を決めてするようにしましょう（職種によってチェックにかかる時間は異なるとは思いますが）。するとびっくりするほどストレスが減ります！

避けられない試練：出張

　私は自分の仕事が好きですが、出張がストレスになることに変わりはありません。好きな仕事をしているからこそ、これは私にとって避けられない試練です。「内向型人間」は旅が苦手です。エネルギーを大量に消費してしまうからです。

　「内向型人間」は「外向型人間」よりも多くのエネルギーを出張に費やします。それはひとりになる時間が減り、予想外の出来事や刺激が増えるためです。「内向型人間」は大きな事故など起こらなくても、電車が遅れて乗り換えが難しくなったり、朝食会場や待合室で大勢の人に囲まれたり、人ごみの中を歩いたり、うるさい場所に長時間いたりするだけでエネルギーを大量に消費してしまいます。また、ホテルでは廊下から聞こえてくる会話やドアが開く音に夜通し苦しめられ、電車の中では音楽を聴いている人のヘッドフォンからもれてくる音に始終イライラさせられるのです。

「内向型人間」は旅を楽しめません。彼らにとって旅は苦行のようなものだからです。次にストレスを減らし、楽に出張する方法をまとめました。ここに書き出したことはすべて私の経験にもとづくものです……。

「内向型人間」が楽に出張するコツ

1　少しの間ひとりになれる場所や時間を見つける

　ひとり静かにエネルギーを充電できる場所と時間のつくり方を以下にまとめました。

―たとえ1日中会議やセミナーが予定されていても、しばらくホテルの部屋でゆっくりすごす時間をもちましょう。講演やお茶会の一つくらいはさぼる覚悟でいてください。それが無理ならデザートを抜いて昼食の時間を短縮し、昼休みの残りの時間をホテルの部屋ですごすようにしましょう。出張の達人は休む術を知っています！
―経済的余裕があるなら、電車は1等車の1人がけ席、飛行機はビジネスクラスを予約しましょう。座席が広いと、隣の人の雑音があまり気にならなくなり、ストレスが減ります。
―トイレを活用しましょう。知らない人と話をして疲れたら、しばしトイレにこもるのです。トイレの中にいると誰からも邪魔されないので一息つけます（ただしトイレが清潔な場合に限る）。
―耳栓を常に携帯しましょう。耳栓をつければ静かな時間（雑音のない時間）をすごせます。「内向型人間」の中にはハイテクヘッドフォン（装着すれば、外界の雑音までシャットアウトできるヘッドフォン）を利用している人もいます。ヘッドフォンをつけていれば周囲から話しかけられることはまずありません。「邪魔しないで」

と周囲にアピールしていることと同じだからです。ですから、相乗効果（雑音が聞こえない＋周囲から話しかけられない）が期待できます。

2 「他人と過ごす時間」と「ひとりの時間」を予定に組みこむ

出張は人脈を広げる機会でもあります。ですから人と会う時間とひとりで休憩する時間の両方をうまく組み合わせて予定を立てましょう。いろいろな人とコミュニケーションしながらも、ひとりの時間を利用しエネルギーを充電する。このバランスをはかるのです！私は出張中（セミナー開催中）はクライアントと１度だけ、セミナーの主催者やビジネスパートナーや親しい人とは２日に１度だけ、食事に行くようにしています。第６章にも書いているとおり大切なのは「量より質」なのです。

「ひとりの時間」が欲しいときは、同僚やクライアントや関係者から食事に誘われても断りましょう。丁寧に断ることはもちろん大事ですが、理由をくどくど説明する必要はありません。「残念ながら今晩は都合が悪いんです。でもまた明日会えますね。みなさん私の代わりに楽しんできてください！」と言いましょう。

3 隣人との雑談を調整する

「外向型人間」は電車や飛行機の中で隣の人と楽しく雑談することができます。でも「内向型人間」のあなたは、ちょっと疲れているだけで隣人との会話を苦痛に感じ、どう対処していいかわからなくなります。でも大丈夫です。「今はそっとしておいて欲しい」という気持ちを丁寧な言葉で伝えればいいのです。

たとえばこう言いましょう：

―「いい話が聞けました。ありがとうございます！」（すぐに視線をパソコンや書類に戻す）。
―「そうだ。仕事を片付けないと！」（すぐに仕事をはじめる）。
―「なんだか眠くなってきました。到着前に少し寝ます！」
―「そろそろ読書に戻らねば。実はこの本の続きが気になって仕方ないのです！」
―「名刺をいただけませんか？　時間があるときにまたご連絡させていただきます」

　出張中や移動中に興味深い出会いをすることもあります。これは人脈を広げるチャンスです。関係を深めたいと思わせる人に出会ったら必ず名刺を交換しましょう。

まとめ

・「内向型人間」と「外向型人間」は同じくらい上手にチームワークができます。ただし仕事で利用する手段と大事にするものが違うので働き方は同じではありません。実は両者のこの違いが多様性を生み、チーム全体によい作用を及ぼすのです。

・「ひとりで黙々と仕事をしたい」、「ときどき静かな時間が欲しい」「人と話すより、仕事をしていたい」という「内向型人間」の要求は工夫次第で職場の要求に適合させることができます。

・「内向型人間」は会社の幹部としても力を発揮できます。「内向型」の幹部が実力を発揮する方法は「自信をつける」、「どんな人にも配慮する」、「全体を見渡す」、「社員と積極的に会話をし、争いごとを解決する」の４つです。

・キャリアアップしたいなら自分の成果を目に見える形にする（周囲に示す）ことです。そのためには計画的に周囲とコミュニケーションすることが大事になります。「成果リストをつくり、上司だけでなく自分をも満足させる」、「同僚との関係、上司との関係を深める」、「興味のあることを周囲に伝える」、「責任を取る」、「責任を委ねる」。この５つの原則を守り、周囲とコミュニケーションをはかればキャリアアップしやすくなります。

・「内向型人間」がよく利用するコミュニケーション手段はＥメールです。Ｅメールによるコミュニケーションは、直接相手とコンタクトする必要がないのでストレスにならないだけでなく、特定の状況下では大いに活用できます。それでも、電話を使ったほうが効率的に仕事ができる場合もあります。Ｅメールは活用してもかまいませんが、会話や電話を避けるためだけの手段にはしないでください。

・「内向型人間」は出張が苦手ですが、「少しの間ひとりになれる場所や時間を見つける」、「他人と過ごす時間とひとりの時間を予定に組みこむ」、「隣人との雑談を調整する」といったことができれば、出張中のストレスを減らすことができます。

PART 3

注目され、耳を傾けてもらうためにはどうすればいいか

第6章 人間関係を広げ、深める

　人間は社会的な生きものです。だから常に人と接していたいと思います。特別な用事がある場合はもちろんですが、「ただ話がしたいから」という理由だけで人に会うこともあります。それが本来の人間の姿です。

　ここで1つ例をあげましょう。アンネ（40歳）は人と関わることの多い仕事をしています。第1章で社交的な「内向型人間」、いわゆる「柔軟性のある内向型人間」について書きましたが、アンネもそのひとりです。大手企業の広報部で働き、多くのジャーナリストや社員と関わる自分の仕事に生きがいを感じています。

　アンネは来客を待たせながら、電話を取ることが当たり前であるような慌ただしい職場で朝から晩まで働いています。ですから、帰宅後ソファーに横になり読書する時間を楽しみにしています。でも毎晩こんなふうにリラックスできるわけではありません。広報部で働いていると、夜のイベントに参加したり、関係者と夕食に行ったりすることが多いからです。彼女自身こういった機会に人間関係を広げ、深めることが、キャリアアップには重要であると自覚しています。けれどもそんな夜をすごすたびに「たくさん話はしたけれど何の得にもならなかった」と思ってしまうのです。スイスである講演会に参加したときなどは、1日中講演を聴いた後に関係者と一緒に夕食をとるのが苦痛で、1時間半後、ホテルの部屋に戻ったときには疲れ切っていました。

雑談が人間関係を深める

　アンネは社交の場をキャリアに活かすことができないばかりか、仕事の関係者と雑談するだけで疲れてしまう自分に気づきました。ですが本来、「仕事から解放された場所」では同僚やビジネスパートナー（もしくは、初めて会う興味深い人）とはもっと気楽に話ができるはずです。たとえ料理や新しいオフィスについての話だけだったとしても、なごやかな場での会話の目的は人間関係を広げたり、深めたりすることのはずです。講演会や会議などの公の場で個人的な話などできません。でも会議後にコーヒーやビールを飲みながら話をすれば、真のコミュニケーションがはかれます。

職場以外の場でコミュニケーションをはかる

　「外向型人間」は、ミーティングの後すぐにワインを飲みに行きたがったり、朝食を一緒に食べようと言ったり、講演会の後に会場の廊下でいきなり会話をはじめたりします。つまり「内向型人間」が一息つきたい、ひとりでジョギングなどしたいと思うときに限って「外向型人間」はコミュニケーションしたがるというわけです。反対に、「内向型人間」はひとりの時間を大事にします。もちろんそういう時間は大切にすべきです。ですがその度合いを意識的に調整しない限り、キャリアアップは望めません。私たちは同僚やビジネスパートナーと私的な場で会話をすることで仕事上の意見をすり合わせたり、決定に対する心構えをしたり、協力関係を築く準備をしたりしています。また自分がどれほどプロジェクトチームや会社にふさわしい人間であるかを相手にアピールもしています。こうして、職場では得られない情報を交換するのです。

自分に合う方法で人間関係を築く

　社交の場で会話を盛り上げ、人を引きつけることは、「内向型人

間」にとっても、「外向型人間」にとっても必要な能力です。ですが、その能力の活かし方については両者の間に違いが見られます。「外向型人間」は活動すること、外部から刺激を得ることが好きですが、「内向型人間」は嫌いです。雑談やおしゃべりもあまり好きではありません。キャリアを積みたい人は人間関係を広めたり、深めたり、ときには修正していかなくてはなりません。目的を定め、時間やエネルギー、場合によってはお金を費やすことが必要になります。「内向型人間」はこういった「自己投資」が苦手なので人間関係を築きにくいように見えますが、実際にはそうではありません。「内向型人間」でも、「自分に合う方法」を活用できさえすれば、ストレスなくよい人間関係を築きあげることができるのです。「内向型人間」がもつ人間関係は目的も質も「外向型人間」とは異なります。たとえばアンネのような「内向型人間」は外部からの刺激をなるべく避け、講演会などのイベントの後はひとりで昼食を取り、ひとりでゆっくりしたいと思います。幅広い人間関係ではなく、狭くても深い人間関係を求めます。「内向型人間」にとって大事なことは量よりも質です。質の高い人間関係は実り多く、また長続きするからです。

よい人間関係を築くためのコミュニケーション

人間関係はどこででも築ける

　コミュニケーションの目的は人間関係を築くことです。人間は職場でもプライベートな場でも人間関係を基本にして生きています。人と会うことが当たり前の環境で生活しています。親戚や友達の集まりやスポーツクラブや商工会や社会奉仕団体のイベントや講演会などでもいろいろな人に出会います。言いかえると、どこででも人間関係は築けるのです。親戚の集まり、パーティー、娘の水泳大会、スーパーのレジを待っているとき。どんな機会も新しい出会いのチ

ャンスです。ただし、いろいろな人に出会っても、関係を維持し、深めることを怠っていては意味がありません。

情報交換の場

　人間関係を築くとは人脈をつくることです。人脈づくりとは会員制クラブのような狭い人間関係をつくりあげることではなく、人と情報交換する場を広げることです。私たちは常に多くの情報から何かを選択しなければならない社会に生きています。ですから、優れた医者や税理士やグラフィックデザイナーやベビーシッターを探すときなどには、他人の意見を参考にしようとします。企業の人事においても同じです。人脈づくりの専門家であるモニカ・シェディンは幹部のほぼ85パーセントはよい人脈を築いて（誰かから推薦されて）現職を手に入れたとしています。

　キャリアアップしたいなら、積極的に人に会い、大切な関係を維持しようと努めることです。人が集まる場はいろいろあります。同じ興味をもつ者同士が定期的に集まるスポーツクラブや愛好会もあれば、隣人だから、同窓生だからという理由だけで1年に1回だけ集まるような集会もあります。「内向型人間」も「外向型人間」もこういった場を利用すべきです。情報交換の場、職業上の新しい視点や知識を得られる場、同僚と比較する場、同じ感覚をもつ者同士が助言し合う場、協力関係を築く場、ビジネスパートナーをつくる場、自分の成果を評価する場として活用するのです。すると将来の方向性や基盤を固めることができます。

「内向型人間」に合った人脈づくりとは

　人脈があれば自分の能力をはるかに超えた課題も、しかるべき人

の助けを借りてやりとげることができます。たとえば、協力者がいれば子供の世話もそれほど大変ではありません！　また、興味が同じ人とは一緒にゴルフをしたり、休暇旅行に行ったり、山登りに挑戦したり、料理をしたり、暖炉の前でくつろいで語り合ったりすることもできます。よい人間関係とは、助け合えば助け合うほど、利益を分かち合える関係のことを言います。

「内向型人間」が自分の要求をかなえたり、強みを活かしたりできる人脈づくりとはどういうものでしょうか？　人脈づくりのために「内向型人間」が活用できる方法はたくさんありますが、とりあえずここでは、この質問の答えになる方法だけをまとめました。次を読み、自分なりの人脈づくりについて考えてみてください。各質問に答えていけば、あなたなりの方法が見つかるはずです。

人脈づくりの方法（I）：目的を明確にする

　まずは「優れた分析力をもつ」、「本質的なものを見出す」、「集中力がある」という「内向型人間」の強み（6）（2）（3）を活かして目的を明確にし、人脈づくりの計画を立てましょう。

あなたに対する2つの質問

1　何のために人脈をつくりたいですか？

●個人的な目的
趣味（スポーツも含む）のため　☐
ストレスを減らすため（たとえばベビーシッター）　☐
自己啓発のため　☐

いろいろな経験をするため ☐
新しい刺激を得るため ☐

_____ ☐

●職業上の目的
ビジネスパートナーをつくるため ☐
情報交換のため ☐
職業訓練のため ☐
比較の対象をつくるため ☐
新たな視点を得るため ☐

_____ ☐

2　どういう人脈を広げたいですか？
できるだけ具体的に書いてください！
____ には一番大事なものを（1）とし、大事なものから順番に番号をつけてください。

個人的な人脈
（例：XX愛好会、XXの市民団体、友達など）

_____

_____

_____

_____

_____

_____

職業上の人脈
（例：XX協会、XX組合、同僚の集まりなど）

_____

_____

_____

_____

_____

　これを参考にすれば、どの人脈づくりにどれほどのエネルギーや時間やお金を投資すべきかがわかるはずです。

人脈づくりの方法（2）：投資できるものを知る

「内向型人間」なら、人脈づくりのための自己投資には限界がある

ことを自覚しているはずです。ですから次は人脈づくりのために自分が「費やしたい」時間とお金を明確にしましょう。

あなたへの質問

3　人脈づくりのために時間とお金をどれほど費やしたいですか？

個人的な人脈

時間：

_____
（毎日／毎週／毎月）

金額：

_____
（毎週／毎月／毎年）

職業上の人脈

時間：

_____
（毎日／毎週／毎月）

金額：

_____
（毎週／毎月／毎年）

＊時間には、イベントに参加したり、連絡を取ったり、直接会って話をする時間を記入してください。

＊金額には、イベントの参加費、会費、交通費、宿泊費、食費（接待費）を記入してください。

4　どの人脈づくりにどれほどの時間と金額を費やしたいですか？「目的」には、時間とお金を具体的に何に使うかを記入してください。

「人脈」には人脈づくりの方法（1）の質問2でつけた番号も記入してください。大事な人脈ほど、より多くの時間とお金を費やせるよう調整してください。

個人的な人脈
人脈：

目的：

時間：

金額：

人脈：

目的：

時間：

金額：

人脈：

目的：

時間：

金額：

職業上の人脈
人脈：

目的：

時間：

金額：

人脈：

目的：

時間：

金額：

人脈：

目的：

時間：

金額：

時間とお金の投資先を決定する

「本質的なものを見出す」、「集中力がある」、「優れた分析力をもつ」という「内向型人間」の強み（2）（3）（6）を活かせば、方法（1）「目的を明確にする」と方法（2）「投資できるものを知る」をうまく活用することができるでしょう。まずは投資できるものと投資先を明確にすることです。もちろん、いざ時間やお金を人脈づくりに投資してみると、ここに記入したとおりにはいかないかもしれません。でも大丈夫です。大事なことは自分に合う時間とお金の使い方を知ることです。それさえ知っていれば、いつでも新しい出会いを求めることができます。

次に紹介するのは前記を応用した方法です。

人脈づくりの方法（3）：知り合いを知り合いに紹介する

知り合いにも利益をもたらす

　ここでもう一度再確認しましょう。「内向型人間」は、大勢より2、3人と会話をすることを好みます。また「慎重である」という強み（1）をもっています。この2つの要素が何かのきっかけでネガティブに働くと「不安をかかえやすい」という弱み（1）になり、新しい出会いを避けるようになります。こういった「内向型人間」の性格を考慮すると、方法（3）にはかなりの効果が期待できます。自分の知り合いの中から「知り合いになると互いの利益になる」と思われる人を選んで、その人たちを知り合わせるのです。つまり知り合いに新しい出会いの場を提供しましょう。

　知り合いが興味深いことを達成したと知ったら（本の出版、インタビュー記事の掲載、ある賞の受賞など）、ソーシャルメディアや日常会話をとおして他の知り合いにそのことを知らせましょう。つまり知り合いを他の知り合いに紹介するのです。実績のある人物を紹介された側はよいコンタクト先を教えられたと思い、あなたに対する評価を上げます。あなたのことを他人にも利益を分け与える寛容な人と見なすようになります。これがよい人脈づくりにつながるのです。

　では、あなたに対する2つの質問2に記入していただいた6つの人脈の中から、知り合いにさせたいと思う人をあげてください。

あなたへの質問

5　誰と誰を知り合いにさせたいですか？

個人的な人脈

誰を：
___

誰と：
___

どういう理由から：
___

誰を：
___

誰と：
___

どういう理由から：
___

誰を：
___

誰と：

どういう理由から：

職業上の人脈

誰を：

誰と：

どういう理由から：

誰を：

誰と：

どういう理由から：

誰を：

_____

誰と：

_____

どういう理由から：

_____

人脈づくりの方法（4）：
知り合いをとおして知り合いをつくる

知り合いに知り合いを紹介してもらう

　これは方法（3）と反対の方法ですが、原理は同じです。難しいことではありません。ただ知り合いに「XXさんを紹介してくれませんか」と頼むだけです。この方法は、人を引きつける力のある人ほどうまくいきます。知り合いから知り合いを紹介してもらえば相乗効果が期待できるからです。でも知り合いから誰かを紹介してもらっても、コミュニケーションがうまくできなければ意味がありません。初めて会う人と上手にコミュニケーションする方法についてはこの先の「『内向型人間』の強みを活かすコミュニケーション」、「心の要求を考慮したコミュニケーション」を参考にしてください。

あなたへの質問

6　誰と知り合いになりたいですか？　誰に頼めばその人を紹介してもらえますか？

個人的な人脈

知り合いになりたい人：

紹介を頼める人：

紹介して欲しい理由：

知り合いになりたい人：

紹介を頼める人：

紹介して欲しい理由：

知り合いになりたい人：

紹介を頼める人：

紹介して欲しい理由：

職業上の人脈

知り合いになりたい人：

紹介を頼める人：

紹介して欲しい理由：

知り合いになりたい人：

紹介を頼める人：

紹介して欲しい理由：
_____

知り合いになりたい人：
_____

紹介を頼める人：
_____

紹介して欲しい理由：
_____

人脈づくりの方法（5）：忍耐強くなる

　よい人脈をつくるには忍耐強くなくてはなりません。なぜなら次の2つの理由があるからです。

粘り強く人に会いつづける必要があるから

　人脈をつくるにはいろいろな人に会いつづけなくてはなりません。人脈が実り多いものとなり、そこから利益を得られるようになるまでには時間がかかります。オンライン上のバーチャルな人間関係ではなく、人と人が直接会うことでつくられるネットワークは、築きあげるのに1、2年はかかります（人に会う頻度にもよりますが……）。特定の人から認められるようになるまでには、積極的に会いつづけなくてはなりません。受け身でいては人脈は築けません。粘り強く人に会いつづけましょう！　「辛抱強い」という「内向型

人間」の強み（8）を活かすのです。

出会いを分析する必要があるから

　出会った人と連絡を取り、関係を深めるのにも忍耐強さが必要になります。ある人に興味をもったら、連絡を取ることは大事ですが、まずはその前に出会いを分析するようにしましょう。「出会った相手はどんな人か」、「相手のどこに興味をもったか」、「相手から得たどの情報が大事か」を書き出してみるのです。

　人脈づくりに長けた人は、出会った人の情報をパソコンに保存しています。ビジネス特化型ソーシャル・ネットワーキング・サービスのLinkedInなどをとおして連絡先やその他の情報を必要なときに確認するという手もありますが、登録していない人の情報は得られないので常に活用できるわけではありません。アドレス管理専用のソフトウェアやアプリなどを利用したほうがいいでしょう。またEメールのプログラムには連絡相手の情報を保存し、管理できるものもあります。いずれにせよ自分が一番利用しやすい方法を選ぶことが大事です。

あなたへの質問

7　a. 関係を深めたいと思う人の情報をどう管理していますか？

b. それらの情報を有効に活用するためには何が必要ですか？

c. bで必要になるものはどうすれば手に入れられますか？

d. いつまでにbを手に入れ、情報管理の仕方を改善できますか？

　しかし情報を管理するだけでは意味がありません。一番大事なことは「内向型人間」の「優れた分析力」（強み（6））を活かし、忍耐強く出会いを分析することです。

　さあ、これで「内向型人間」のあなたも人脈づくりの具体的な計画が立てられたと思います。まずは実行に移すことが大事です！

「内向型人間」の強みを活かすコミュニケーション

　「内向型人間」は話し相手をリラックスさせる特別な能力をもっています。この能力は人とコミュニケーションをはかるうえでの「強み」になります。この「強み」を活かせば人付き合いがうまくなり、人脈を広げることもできます。これをもとに「内向型人間」に特化した人脈づくりの方法を考え出すこともできるのです。「強み」を活かせばどんなことも可能になります。次に「内向型人間」がコミュニケーションに活かせる「強み」をまとめました。

強み（4）：人の話を聞くことができる

聞く耳をもてる人は有利

　人の話を聞くことができる。これは「内向型人間」が会話中に活かせる強みです。「内向型人間」は人と話すとき「外向型人間」ほど相手の反応や評価を気にしません。そのかわり、相手から印象や情報をできるだけたくさん手に入れようとします。これは人の話をきちんと聞く能力がなくてはできないことです。誰でも話を聞いてくれる人とは落ち着いて話をすることができます。相手の気を引こうと頑張らなくても、耳を傾けられ、話すことすべてにうなずいてもらえるからです。「内向型人間」は相手の話を最後まで聞き、それについてじっくり考えてからでないと自分の意見を言うことができません。ところが「外向型人間」は相手の話も聞かずに、自分の意見ばかり言おうとします。「内向型人間」は（一度でいいから！）きちんと話を聞いてもらいたいと思っています。「外向型人間」は「内向型人間」から少なくとも聞く耳をもつことを学ぶべきです。

聞く耳をもつ人には存在感がある

　人の話を聞くことはいいことです。「先入観や偏見にとらわれず、純粋な好奇心をもって相手の話に耳を傾ける」、「相手が話をしているときは自分の意見を考えたりせずにただ聞く」という心がけがあればなおよいでしょう。さらに「真剣に聞いているよ」と態度で示すことができれば相手の心をつかむこともできます。それなら「聞いている振りをすればいいじゃないか」と思うのは間違いです。相手の話に耳を傾けることができる人には特別な存在感とオーラがあります。これは演技できるものではありません。ですから「内向型人間」は「人の話を聞くことができる」という自らの強みに誇りをもつべきです。「外向型人間」の場合、トレーニングすることなく

この強みをもつことはできません。

　この章の最初に紹介したアンネは「人の話を聞くことができる」という自分の強みを自覚していませんでした。でもそのことに気づいた後は相手の話と自分の話をうまくかみ合わせることで円滑なコミュニケーションがはかれるようになりました。たとえば相手が述べたことについてさらに詳しくたずねたり、自分の話の中にも相手の意見を積極的に取り入れたりするようにしたのです。するとこれまでより深い会話ができるようになり、人脈も広がりました！

相手を引きつけるコツ
　次に「人の話を聞くことができる」という強みを活かす表現をまとめました。

「さっきあなたはＸＸＸ（Ａ社とケルンで共同イベントを開いた）とおっしゃいましたが、どうでしたか（よかったですか）？」

「あなたがＸＸＸ（イベントはボンで開催したほうがよかった）とおっしゃるので、ＹＹＹ（私が開催を予定しているケルンでのイベント）についてはもう一度考え直してみます」

「あなたがおっしゃったことについてまだ考えているのですが……本当にＸＸＸ（イベントの計画は１年前から立てなくてはならないの）でしょうか？」

強み（5）：落ち着いている

心の落ち着きがコミュニケーションの場を落ち着かせる

「静けさの中には力がある」と昔の賢者は言いました。コミュニケーションの場にもこの言葉が当てはまります。「内向型人間」は騒がしい場、争いの場、イライラしている人がいる場が嫌いです。ですから逆に人や状況を落ち着かせ、心地よいコミュニケーションの場をつくることに長けています。「内向型人間」は相手の話を最後まで聞き、それについてじっくり考えてから自分の意見を言います。この心の落ち着きが話し相手の心にも余裕をもたらすのです。

落ち着きをポジティブにとらえる

落ち着いたコミュニケーションの場をつくりたいなら、「内向型人間」である自分自身が「落ち着き」というものをポジティブにとらえなくてはなりません。早口で話したり、テーマの幅を広げたり、大げさに行動したりする「外向型人間」だけが上手にコミュニケーションできると思いこんでいると、自分の強みである「落ち着き」をコミュニケーションに活かすことはできません。

では、コミュニケーションをはかる上で「落ち着き」がどれほど大事であるか、次にまとめました。

落ち着いて話をしたり、行動したりすると心に余裕が生まれます。焦ることや、ストレスを感じることはありません。ステータスシンボルを研究する専門家たちも、落ち着きは冷静さと自立心の証なのでステータスになると主張しています。

しっかりした目的をもつ

　言動にしっかりした目的がないと、コミュニケーションの場で影響力を発揮することはできません。本当に心が落ち着いている人は、一貫性のある自然な行動をとります。常に目的をもって行動するからです。さらに、言葉を的確に選んで話をするので、話し相手に「この人は自分の意見をきちんともっている人だ」という印象を与えます。

自分が落ち着いていると相手も落ち着く

「外向型人間」は相手の気を引くのが上手です。ですが世の中の人の大多数が「外向型人間」というわけではありません（「その場にいる人のほとんどが外向型人間」というような状況はテレビ番組の中か、Dr. フルール・サクラ・ヴェスが本書のはじまりに指摘したジャーマン・スピーカーズ・アソシエーションの会くらいなものでしょう）。たいていの場所では「内向型人間」が30～50パーセントを占めるのが普通です。「内向型人間」は落ち着いた人と話をするのが好きです。焦らずにゆっくり話ができるからです。考えたり、言葉を探したりしている間、何も言わずに待ってくれる相手ならなおさらです。あなたもそういった話し相手を探していませんか？もしそうなら私たちが暮らす欧米社会には「待つ時間」を大事にする習慣がないので、苦労しているに違いありません……。

ストレスをできるだけ減らす

　雑談をするのが苦手な人も多くいます。こういう人は知らない人と話をするのを嫌がります。「内向型人間」がそうです。私が知っている「外向型人間」の多くは、話し相手が途切れ途切れにゆっくり話し出すと「会話をするのが苦手な人」だと判断し、話のテンポを相手に合わせようとします。これはとてもよいことです。「内向

型人間」のテンポに合わせれば、ゆったりとした気持ちで会話ができるようになり、場の雰囲気もなごむからです。

「外向型人間」は「内向型人間」と話をすることで、落ち着いて話をしたり、実行したりすることの大切さを学びます。つまり「内向型人間」から利益を得ているのです。ですから「内向型人間」は「外向型人間」の前で堂々と「内向型」として振る舞えばいいのです。何度もうなずいて「話を聞いているよ」とアピールしたり、もっと詳しい説明を求めたりしましょう。相手の目を見てうなずくことも大事です。すると「外向型人間」はおのずとあなたに会話のテンポを合わせるようになります。

心が落ち着いているとエネルギーを節約できる
　心が落ち着いていると、ほかにもよいことがあります。エネルギーを節約できるからです。「内向型人間」は人とコミュニケーションするときに多くのエネルギーを使います。ですから貴重なエネルギーを消費しすぎないようにすることも、よいコミュニケーションには大切です。

　心が落ち着いているとエネルギーも効率よく使えます。緊張せずに、ゆっくり話すことができるからです。焦ったり、イライラしたりして話をうまくまとめられないなんてこともありません。また「内向型人間」の高い「集中力」（強み（3））を活かせば、エネルギーを集中的に使うこともできます。大事な人間や興味のあることに集中してエネルギーを注ぐことができるのです。

心の落ち着きを社交の場で活かすための注意点
　人と話をする前は必ず自分の気持ちが本当に落ち着いているかど

うか確認しましょう。コミュニケーションで大事なのは「どうありたいか」ではなく、「どうあるか」ということです。あなたの希望ではなく、その場の気持ちがコミュニケーションに大きく作用します。

態度に関する注意点：
・会話の前と会話中にときどき深呼吸をしましょう。大事なことを話した後はしばらく沈黙し、話し相手も自分も一呼吸できるようにしましょう。
・話をしている間も意識してゆっくりと呼吸をし、声の調子を落ち着かせましょう。ほどよい速さ（速すぎず、遅すぎず）で話すことも大事です。声の高さはやや低めに。「低い」声は落ち着きと自立心を表すからです。
・背筋を伸ばして正しい姿勢を心がけましょう。
・肩とひじとひざの力は抜きましょう。
・相手の顔を見て話をしましょう。ただし相手の顔の一部をずっと見つめるのではなく、眉間と鼻の頭を交互に見るようにしてください。その方が話し相手に安心感を与えられます。

気持ちに関する注意点（１）：選択すること！
「社交の場に行く」と決めたら、どんなことも自分で決定し選択する覚悟を決めましょう。「あの人と話をする」、「あの人とは会のあとに再び連絡する」など。自分で決め、行動するのです。心配しなくてもあなたが社交の場でどれだけの人とコミュニケーションできるか、何ができるかをチェックしている人などいません。

　そういう心がけをもつだけで、あなたは自信をもって会話に参加できるようになります。嫌々参加しているという気分にはなりませ

ん。気持ちはむしろ楽になります。自発的になると、会話を自分でコントロールしようとします。話し相手もそんなあなたを「はっきりした意見をもっている人」と見なすようになります。これが人間関係だけでなく、あなたの自尊心にもよい影響を与えるのです。

気持ちに関する注意点（２）：あなただけの目標を定める
　社交の場に出る前は目標を定めましょう。的確な行動ができるようになり、心が落ち着くからです。落ち着いていると自信がある人と見られ、人から認められやすくなります。

　ただし定める目標は達成しやすいものにしてください。努力しないとなかなか達成できない、または達成できる見込みのないものは避けることです！

　次はアンネが仕事関連のイベント用に立てた目標です。参考にしてください。
・最低３人の共感できる人と話をする。
・自分が興味をもっている分野の専門家の少なくとも１人と話をし、今気になっている質問を２つする。
・イベントが続く２時間は最大の好奇心をもって人間を観察する。
・会話に疲れてきたら、相手に失礼のない形で話を終える。

　心が落ち着いているとよいことばかりです！　「内向型人間」はこの強みを日常会話から人脈づくりにまで幅広く活かすことができます。では「内向型人間」がコミュニケーションに活かすことができる他の強みについても見ていきましょう。

強み（6）：優れた分析力をもつ

会話の内容を的確に分析する
「内向型人間」は常に外から得られた情報と自分の考えを比較してまとめようとします。この特性のおかげで、情報を整理して評価する能力が養われ、すぐれた分析力を発揮できるのです。第2章で説明したように「左脳型の内向型人間」のほうが「右脳型の内向型人間」よりこの傾向は強いと言えます。分析力は研究や管理といった分野にだけ活かせる能力ではありません。コミュニケーションにも活かすことができます。会話の方向性や主旨をすばやく認識して分析できる人は、話し相手や話の内容に応じて会話を適切に発展させたり、情報を的確に選んで相手に伝えたりできるからです。

私たちが社交の場でする何気ない会話、いわゆる雑談は基本的に3つの段階から成り立っています。この3段階が何のためにあるのかがわかると、会話をうまく進めることができます。

雑談分析（1）：3つの段階とそれぞれの課題
第1段階：話をはじめる
雑談は自由です。決められたテーマもありません。雑談をはじめられるかどうかは、その人が話したいと思うかどうかで決まります。つまり2人の「フィーリング」が合うかどうかなのです。たとえ合わないとしても大丈夫です。社交の場にはほかにもたくさん話し相手がいます。また雑談をはじめられるかどうかは、言いたいことがあるかどうかにもよります。話をはじめるときに注意すべき点を次にまとめました。

こんなふうに考えれば、雑談のはじめ方が見えてきます。

自分と相手に共通するものは何か？
—自分も相手も赤ワインを飲んでいる。相手はこのワインをどう思っているのだろうか？

気になることは何か？
—同僚がもうすぐ結婚するので、男友達を集めて独身最後のパーティーを開いた。こういったパーティーに出席するのは初めてだ。自分の目の前に座っている男性は同僚とどういう関係なのだろうか？

何を知りたいか？
—シンガポールへの出張は初めての経験。それにしても明日、イベント会場前のホテルから空港までどう行けばいいのだろうか？

　テーマを見つけたら、あとは話しかけるだけです。テーマを決めていると、とっさに話しはじめるときと違い、会話をうまく進めることができます。

雑談をはじめる際に言ってはいけない決まり文句
　友達と話をはじめるときには決まって「元気？」という言葉をまず口にすると思います。ですが社交の場で知り合いから「お元気ですか？」と聞かれたら、「はい、元気です」などの決まり文句を口にするのは避けましょう。その代わりにもっとポジティブで個性的な返事をするのです。それが楽しい会話のきっかけになります。「元気ですよ。だって今あなたにこうやってお会いできたんですから！」、とか「ミュラーさんじゃないですか。お会いしたかったです！」などと言ってみましょう。

第２段階：話を続ける

　第２段階に入ると、会話を続け、互いに満足できるレベルにまでコミュニケーションを深めなくてはなりません。そのためには自分だけでなく、相手にも話をしてもらう必要があります。もちろん相手の話をよく聞くこと（これはあなたの強みのはずです！）も大事です。相手に話をさせるには「はい」や「いいえ」では答えられない質問、「何」、「どう」、「どこ」といった言葉ではじまる質問を積極的にすることです。

　質問の例：どうすれば……ができるようになるでしょうか？　プログラムには何が書かれていますか？　……はどこで手に入りますか？　……はどこから来たのですか？

　こういった質問を好んですると会話がはずみます。また相手の返事をきちんと聞き、評価すれば、ある話題について話を続けるか続けないかを判断することもできます。こう自問することを心がけましょう。

　「相手が今、……と言ったのはこの話題について話を続けるため、それとも話題を変えるため？」

　相手が話題を変えたいと思っていることがわかったら、「Ａの話はこの辺で終わりにしてＢについては……」、「ところでさっきＣとおっしゃいましたけど……」と言った言葉で話題を変えましょう。

　注意：質問することは大事ですが、自分の意見も相手にきちんと伝えましょう。雑談はインタビューではありません。

第3段階：話をしめくくる

　雑談は短くても長くてもかまいません。いつでも終わらせることができます。話を終えるのに理由を説明する必要はありません。「内向型人間」のみなさんはこれを読んできっと安心したでしょう。話をしていて疲れたら、ただ話を終えればいいからです。

　話を終えたくなったら簡単に「今日は話ができてよかった。ありがとうございました。また近いうちに会いましょう」、または「この続きは次の機会に話しましょう」と言いましょう。こんなふうに雑談というものは互いを縛らない、自由なものです。終えたくなったら、いつでも終えられるのです。理由を述べたり、弁解したりする必要はありません。こう考えると「内向型人間」の気も楽になるはずです。「あちらの方にも挨拶しておきたいので、これで失礼します」といった言葉は十分許されるものです。なぜなら社交の場では誰もが雑談の目的は人間関係を広げることだと認識しているからです。話し相手を変えるのに気兼ねする必要はありません。

　話し相手と今後も連絡を取り合いたいのであれば、名刺を交換することです。名刺をもらっておくと、（たとえばホテルの部屋に戻ってから）そこにメモを添えたりすれば話し相手の情報を整理しやすくなります。相手の情報を忘れてもそれを見るとまた思い出すことができます。それはまた「内向型人間」が得意とする「フォローアップ」にも役立ちます。

フォローアップ

　ここでいうフォローアップとは人間関係を維持し、より深めることです。「内向型人間」は「書くことが得意」という強み（9）をもっています。ですから興味深い人に出会ったらその強みを活かし

「フォローアップ」できるのです。たとえば私は、興味をもった人には私と同じSNSの会員になることをすすめたり、共通の専門分野について書かれた新聞記事をEメールで送ったりしています。記事を送る際には必ず文章を添えます。文章には会ったときに話した内容をなるべく盛りこむようにしています。たとえば「シンガポールの会議でいろいろとお話できたことをうれしく思っております。紹介していただいたワイン店に連絡を取りましたら、探していたボルドーワインをとうとう見つけることができました。ありがとうございました。では、お約束したとおり添付の記事を送らせていただきます」などと書くのがよいでしょう。

「フォローアップ」の3つの注意点

1　手紙を送りましょう。ただしパソコンではなくなるべく手で書くようにしましょう。Eメールを送ってもいいですが、ハガキや手紙は最近書く人が少ないので、もらった相手はよい印象を受けます。自己アピールをするには手書きが一番です。

2　Eメールや手紙を書くときは相手にとって有用な情報も盛りこみましょう。相手が知って喜ぶこと、利用できることを書くのです。たとえば興味深いリンクや記事や相手が探している情報を得られる場所などを紹介しましょう。

3　Eメールを送るときに気をつけなくてはならないのは、迷惑メールと認識されるようなコンテンツが含まれたデータを送信しないことです。リンクやサイトを転送したい場合はアドレスをメールの文章に直接書きこむようにしましょう。

4　興味深い人に出会ったら、すぐに連絡を取りましょう。4日以内であれば相手はあなたのことをまだよく覚えているはずです。

雑談分析（2）：自分にも相手にも合う話題を見つける
「内向型人間」は本質的なことを話したがる

　話題をすばやく見つけ、会話を発展させていく方法はすでに書いたとおりです。ですがアンネのような「内向型人間」はこれだけでは満足しません。社交の場、新しい出会いの場でも本質的な話をしたがるのが「内向型人間」です。「内向型人間」は人との出会いを、深く考えたり、または特定のテーマについて大事な情報を交換したりする機会にしたいと考えます。話し相手が興味深い人ならなおさらです。

雑談から深い会話へ

「内向型人間」は「深い会話」で本領を発揮します。相手も自分も真剣に話ができるような本質的なテーマを話題に選び、雑談を「深い会話」に発展させようとします。「内向型人間」は特にゆっくりと考えながら話ができる（ときどき休止をはさみながら話ができる）場合に「深い会話」をすることができます。落ち着いて話ができれば、無駄なエネルギーを「消耗」する必要がないばかりか、「充電」もできるからです。そういう場合には自分も相手も満足できるような会話ができます。

　昔は「深い会話」のことを「会話」と呼んでいました。「会話」ができるということは、コミュニケーション能力があることを意味していました。ところがＳＭＳ、フェイスブック、ツイッターをとおした浅く広いコミュニケーションが幅を利かせている現代では、本質的な（深い）テーマを選ぶことも、それを話題にして話すことも難しくなっています。でも「深い会話」は練習すればできるようになります。「本質的なものを見出す」という強み（2）をもっている「内向型人間」ならなおさらです。「内向型人間」のみなさん、

どうか話し相手と真剣にコミュニケーションしようと試みてください。そうすれば、あなたのこの強みが会話にどれほどよい影響をもたらすかを確認することができるはずです。

話題を上手に選ぶ

話題を選ぶときはまず、自分と相手に共通する体験を考えるのがいいでしょう。たとえば以前会ったときのこと、そのときに話した内容、あるいは再会できてどんなにうれしいかを伝えるのです。共通するのは「体験」だけではありません。話している現場に関わる人や物やこともそうです。パーティーの主催者や空港への行き方や夕食や今晩のプログラムを話題にしてもいいのです。

話題を選ぶコツ

雑談を深い会話に移行させるために難しい話題を選ぶ必要はありません。互いに興味をもてる分野のことであれば何でも話題にしていいのです。次に話題を選ぶコツをまとめました。参考にしてみてください。

話題の選び方

・自分が（可能なら相手も）体験し、印象に残っていることを話題にする。
例：ある大きな会議で87歳の男性が参加者全員から拍手喝さいを浴びるような大演説をした。

・自分が興味をもつことで、相手も興味をもつと思われるものを話題にする。
例：ＩＴ会議が開催されている会場は、昔、チョコレート工場だった。

・自分が知りたいと思うことを話題にする。相手がそれについてよく知っているならなおよい。
例：あるビジネスネットワークの集まりで：話し相手の女性の勤務先に女性の雇用者数の上限がもうけられているかどうか尋ね、そういった上限をもうけている会社についてどう思うか、意見を求める。

・話をしている現場で気になることを話題にする。
例：会場に流れている音楽。

あなたへの質問

初めて会う人と会話をするときに活かせるあなたの強みは何ですか？

雑談を深い会話にうまく移行できる：強み（２）　☐

人の話をよく聞くことができるだけでなく、聞いた内容を会話に活かすことができる：強み（４）　☐

落ち着いている：強み（５）　☐

相手にとって大事なものをすぐに認識することができる：強み（10）　☐

話し相手の気持ちがわかる：強み（10）　☐

会話に活かせるその他の強み

心の要求を考慮したコミュニケーション

　さあ、ここまで読んでいただいたら、どういったコミュニケーションが「内向型人間」にふさわしいかがおわかりいただけたと思います。次にすべきことは「内向型人間」にふさわしい話し相手と状況を知ることです。

ストレスの多い状況はなかなか避けられない
「内向型人間」にふさわしい話し相手や状況にめぐり会う機会は現実にはそう多くありません。大きなボリュームの音楽が流れるパーティー、毎年恒例の会社の堅苦しいクリスマスパーティー、会社帰りに疲れたまま行かなければならない子供の学校の保護者会など、「内向型人間」を苦しめる状況はたくさんあります。とりわけ「内向型人間」にとってストレスになるのは、名刺交換が主流になるパーティーです。こういったパーティーの目的はもちろんできるだけ多くの人と接することですが、「接する」といっても深い会話をすることはほとんどありません。

　ストレスの多い状況に置かれたらまずは、エネルギー消費を健康なレベルに保ち、できるだけ気分よくすごそうとすることです。そのためにはストレスの原因である自分の弱みを自覚しておかなくて

はなりません。次はコミュニケーションを妨げる「内向型人間」の弱みについて見てみましょう。

弱み（2）：細かいことにこだわる

「内向型人間」は細かいことにこだわりすぎるので、雑談がうまくできません。「木を見て森を見ず」に山道を歩いていると道に迷ってしまいます。これは山に限らず、社交の場でも同じです。全体を見渡すことができなければ、人と情報の「渦」に飲まれ、神経をすり減らすしかありません（弱み（3）：繊細すぎる）。

ですから社交の場に出たらまずは状況をきちんと把握することが大事です。次の方法を学べば、人前に出てもリラックスし、積極的に話に参加することができます。

社交の場：状況をきちんと把握する方法
1　大勢より一握りの人と考える。
「内向型人間」は「特定の人」と関係を深めるのが得意です。大勢の人と浅く広く付き合うよりは、特定の人間と頻繁に会い、深い人間関係を築こうとします。そのためならエネルギーを消費してもかまわない、とさえ思います。また、できれば2人きりで話をしたいと思います。2人きりだと交わす情報量が「内向型人間」が一度に処理できる範囲内に収まるのでリラックスして話ができるからです。情報量だけでなく、相手も限られていると共通の話題は大勢で話すときよりはるかに見つけやすくなります。ですから「内向型人間」は社交の場でもできるだけ2人きりで話をするよう心がけましょう。1人ずつ話をし、その数を3人、4人と増やしていけばいいのです。「広い関係」より「深い関係」、雑談から深い会話へ。このように考

えてコミュニケーションをはかると落ち着いて話ができ、最終的にはよい結果を残すことができます。「内向型人間」は、一般的に「広く」認められている「外向型人間」向けのコミュニケーション法にしたがっても、よい人間関係を築くことはできないのです。

2　自分がいる場所全体を把握する。
　イベントなどに参加したらまずは、イベント会場全体を見渡し、ひとりになりたくなったら「避難できる場所」をいくつか見つけておきましょう。すると「繊細すぎる」という「内向型人間」の弱み（3）を補うことができます。「避難できる場所」は座って会場全体を見渡せる場所がいいでしょう。また話し相手を探すときは入口付近に待機することをおすすめします。

3　とにかく話し相手を見つける。
　話し相手には（ひとりでいる、または少数と話をしている）親切そうな人を選びましょう。現場で選ぶのが苦手なら、イベント前に参加者を確認し、話をしたい人（以前メールでコンタクトを取り興味をもった人や専門分野について話をしたい人）と話す約束をしておくのがいいでしょう。

4　目標を立てる。
　イベントなどに参加するときは自分に合う具体的な目標を立てましょう。たとえば「あの人と話をする」と決めるのです（知人に連絡をとり「あの人」を紹介してほしいと頼むのも手です）。「気分よくいられる間だけ会場にいつづける（好きなときに休憩し、疲れたら会場を去る！）」という目標でもいいのです。

弱み（3）：繊細すぎる

情報を多く受けとりすぎるとエネルギーを消耗する

　どんなものも多すぎると問題になります。それは悪いものだけではありません。よいものだってそうです。たとえばチョコレートや赤ワインも食べすぎたり飲みすぎたりすると、身体に支障が出ます。「内向型人間」にとって「多すぎる」とは「刺激過多」に陥ることです。「内向型人間」は刺激や情報が多く集まる場所にいるとエネルギーを消耗してしまいます。疲れ果てて新しい人に出会っても楽しくありません。苦痛なだけです。ですから人との付き合いを選別してエネルギーの消耗を抑え、疲れきってしまわないよう気をつける必要があるのです。これはおかしなことではありません。人間はいつも大勢の人と一緒にいる必要はありません！　しかし大勢の人が集まる社交の場にどうしても行かなくてはならない場合もあります。そういう場合はまず「どうすればエネルギーの消費をできるだけ抑えられるか」を考えなくてはならないのです。

社交の場：刺激を少なくする方法
1　休憩をとる
　社交の場では、できるだけ気分よくすごすことを心がけてください。自分を押し殺す必要はありません。人と話をするのに疲れたら休憩しましょう。休憩するときは「ひとりになること」、「リラックスすること」、この2点に気をつけてください。社交の場でそれができる機会はいろいろあります。トイレに行ったり、壁にかかっている絵を見たりしましょう。椅子に座っておいしいドリンクでも飲みながら人間観察をしてもよいでしょう。そういう休憩が無理なら、人と話をしている最中にときどき深呼吸をしましょう。酸素を吸えば少なからず身体を休めることができます。休憩すれば「充電」で

き、その後はまた新鮮な気持ちで周囲の人とコミュニケーションをはかることができるはずです。とにかくリセットすることです！

2　一度にいろいろなことをするのを避ける

　一度にいろいろなことをするのは避けましょう。脳が受けとる刺激を減らすのです。するとエネルギーを節約でき、目の前のことにより集中できます。１つのことに集中している人には周りの人を引きつける力があります。だから今話をしている人、ともに行動している人に意識を集中しましょう。目の前のことが終わったら、まず（ケータリングの食事でもつまみながら）一息つきましょう。次のことを考えるのはそれからです。

3　騒音

「内向型人間」は騒がしい場所が嫌いです。だからよく「繊細すぎる」と言われます。彼らの多くは、騒音は自然災害のようなもの、絶対に有効な対策は立てられないと思いこんでいます。一方、「外向型人間」は騒音に比較的よく耐えられるので「内向型人間」のこの繊細さを「自分たちとは関係のないもの」として扱います。「内向型人間」のみなさん、それでも大丈夫です。社交の場で騒音が気になったときにできることはいくつかあります。たとえば、話をしているときに外から飛行機の離着陸音や祭りの喧騒などが聞こえてきたら、話し相手に意識を集中しましょう。すると騒音がたいして気にならなくなり、相手の気持ちもよく理解できます。話をしている最中は耳栓をするわけにはいきませんから、こんなふうにストレスをできるだけ減らすしかありません。

　また、騒音の中には自分で減らすことができるものもあります。たとえばフィットネスクラブのトレーニングルームに流れる音楽が

うるさすぎる場合（「外向型」の受付係が音楽のボリュームをあげた場合）。「内向型人間」にとってこんな環境でするトレーニングはストレスになるだけです。他の会員と会話もできません。そんなときは受付に行き、ボリュームを下げてほしいと頼みましょう。その際に大事なことは事情をきちんと説明することです。「何が起こっているか」、「どんな問題が生じているか」、「改善して欲しい点は何か」を相手に明確に伝えるのです。「すみません。今日はトレーニングルームの音楽がうるさいのですが、もう少しボリュームを下げていただけませんか？　もう少し静かなら、他の人とも落ち着いて話ができるのですが……」などと説明しましょう。

弱み（4）：受け身になる

　社交の場で人間観察をすると、「内向型人間」が多くいることに気づきます。彼らはドリンクを取りに行ったり、スマートフォンでメールをチェックしたり、プログラムを読み返したり、時計を見たりと普通に振る舞ってはいますが、周囲とのコミュニケーションはできていません……。

主導権を握る

　社交の場では何一つ決められていません。ですから「内向型人間」はいろいろな人とコミュニケーションしたいと思っても具体的に何をすればいいのかがわからないのです。それで不安になり、精神的に落ち着かない状態になります。とりあえずは何もせずにひとりでいようとします。興味深い人を見つけて、話しかけたりもしません。そうこうしているうちに完全な受け身になってしまいます。社交の場では自発的に行動しないと、ひとりでいるしかありません。たとえ話しかけられたとしても、受け身のままでは、話し相手がコ

ミュニケーションの主導権を握ってしまい、結局は相手のペースに巻きこまれるだけです。そうなると自分が話したい話題を話せないばかりか、ほかに話したい人がいてもその人に声もかけられなくなってしまいます。最悪の場合、相手のペースにもついていけずに、無駄な時間をすごしただけということにもなりかねません。

コミュニケーションするコツ

　結論から言うと、コミュニケーションの主導権は自分が握らなくてはならないということです。主導権が自分にあれば、コミュニケーションの中にある複雑さや不確定な要素を自らの力で減らすことができます。それを実行に移すための簡単な方法があります。コミュニケーションの方法とそれに必要な時間を把握し、計画的に行動するのです。次に紹介するのは私自身の経験をもとにつくり出した方法です。参考にしてください。

社交の場で積極的になる方法

1　**仕事を引き受けましょう。**これはキャリアアップを志す若者に対して私がよくする助言です。イベントの企画や会場の受付や招待者の案内や司会を引き受けるのです。責任ある仕事をこなせば積極的になれるだけでなく、自分の仕事に対するモチベーションの高さを上司にアピールすることもできます。また、専門分野の仕事の基本について身をもって学ぶことができるだけでなく、自信をつけたり、キャリアに必要な人脈を築いたりすることもできるのです。

2　**会場には早めに行きましょう。**イベントの参加者をまずチェックします。チェックの仕方はイベントごとに異なります。プログラムを見る、座席に貼られた名札を見る、イベントの主催者や受付係

に誰が来るかを尋ねるなど、方法はいろいろあります。

3　長蛇の列に加わりましょう。これはおかしな助言に聞こえるかもしれませんが、大きな意味があります。長蛇の列の中では（ビュッフェのテーブルやバーカウンターの前で自分の番を待つときも）あまり動くことができません。ですから前と後ろで待っている人と話をすることができます。待つ時間をコミュニケーションの時間にするのです。また待っている間に会場全体の雰囲気を把握することもできます。

4　立食パーティーのテーブルを利用しましょう。立食会場では皿やグラスを一時的に置くためのテーブルがいたるところに置かれています。それらをコミュニケーションの拠点にしましょう。相手とほどよい距離を保ちながら話ができる絶好の場です。まずはひとりだけがお皿とグラスを置いているテーブルを見つけましょう。そこに行けばひとりで食べている人と話ができるでしょう。彼（彼女）もテーブルのそばで落ち着いて話をしたいと思っている「内向型人間」かもしれません。まずは自分の皿を置く前に「ここに置いてもいいですか？」と愛想よく尋ねましょう。

　さあ、これであなたも「内向型」の強みを活かし、人脈を広げる方法がわかったでしょう。また、「内向型人間」がかかえる心の葛藤や犯しがちな間違いも知ることができたはずです。次は相手と直接話をしないコミュニケーション、ソーシャルメディア上のコミュニケーションについて考えてみましょう。

安心できるコミュニケーション：
ソーシャルメディアの活用

間接的コミュニケーション

　デジタルネットワーク、いわゆる「ソーシャルメディア」は理想的な交流の場です。フェイスブック、LinkedIn、ツイッター、Google+、出会い系サイト、チャットルームなど。活用できるオンラインプラットフォームは数えきれないほどあります。こういったプラットフォームのすべてに2つの共通点があります。それは、相手に会わなくてもコンタクトできるという点。書き言葉でコミュニケーションがはかれるので「内向型人間」が強み（9）を活かせるという点です。

安心感

　話上手ではない「内向型人間」にとって、ソーシャルメディアは人間関係を広げる1つの手段です。でも「最適」な手段とまでは言えません。オンライン上の人間関係はやはり相手との「距離」をつくってしまうからです。会って話をするのに比べると、時間的にも空間的にも隔たりができてしまうのは否めません。その一方で、自分の都合のよいようにコミュニケーションできるので安心感をもてるという長所もあります。考えながらゆっくり返事を書けるため、自分の意見をまとめるのに時間がかかる「内向型人間」にとっては好都合です。ところが「内向型人間」の中にはソーシャルメディア上のコミュニケーションを嫌っている人もいます。定期的に返事を書かなければならないので大変だからです。彼らの口癖は「そんな時間がいったいどこにあるの？！」です。ツイッターに「人間は140ワード以内のコメントしか読む気がしない」ということを書いていた人がいましたが、この人はきっと「内向型人間」でしょう！

> **あなたへの質問**

あなたにとってソーシャルメディアとは何ですか？

コミュニケーションの足りない部分を補うもの ☐
なんとなく利用しているもの ☐
嫌いなもの ☐
使ったことがないので、答えられない ☐

　すでに書いたように「内向型人間」の多くは狭くても深い人間関係を求めます。しかしソーシャルメディア上のコミュニケーションのほとんどが、その場しのぎの見解やでまかせや浅はかな意見から成り立っています。もちろんすべてがそうではありません！　真剣な議論やコミュニケーションも存在します。

ソーシャルメディアを利用するコツ

　ただ1つだけ言えることは、それでもソーシャルメディアは現代人のコミュニケーションの一部だということです。この類のネットワークは今後さらに拡大するでしょう。ですから「内向型人間」もソーシャルメディアを毛嫌いせずに、できるだけ活用する術を身につけるべきです。一番大事なことは自分に合う使い方を見つけることです。次にソーシャルメディアを利用するコツをまとめました。

・プラットフォームは自分の目的に合うものだけを利用しましょう。たとえば、フェイスブックは個人としても法人としても利用できる便利なプラットフォームです。LinkedInやXINGは職業上のコミュニケーションに特化したプラットフォームで、自己ＰＲを掲載し、

キャリアアップに利用することができます。LinkedInは世界的に、XINGはドイツ語圏で最も多く利用されています。ツイッターは「ミニブログ」とも呼ばれるカテゴリーに分類されるプラットフォームで、140字以内でコメントを書くだけでいろいろな人とコミュニケーションをはかることができます。Google+は前記のプラットフォームに対抗するためにグーグルが2011年の半ばから提供しているソーシャル・ネットワーキング・サービスです。プラットフォームは他にもありますが、この中から１つか２つを選んで利用することをおすすめします。ネットワークを広げるにはプラットフォームは２つあれば十分です。数が少なければ定期的にチェックし、きちんと管理することもできます！

・ソーシャルメディアを利用する上でまず大事なことは、自分の目的に見合ったプロフィールを掲載することです。このプロフィールをもとに人脈を広げるのですから当然のことです。プロフィールをきちんと管理し、コミュニケーションをはかって初めてソーシャルメディアを有効に活用することができます。次に大事なことは、どんな人に対しても常に掲載したプロフィールに見合う対応をすることです。つまりオンライン上のアイデンティティーを確立するのです。

・人間関係はうまくいくと、仕事でもプライベートでも付き合うことができる関係に発展することがあります。ですからソーシャルメディア上の人間関係を「この関係は仕事、あの関係はプライベート」というふうに最初から決めつけてしまわないようにしましょう。たとえば私はXINGとツイッターを併用しています。XINGのウェブへのアクセス数もツイッターのフォロワーの数もかなりのものです。これらのプラットフォームをとおして直接会った人も大勢いま

す。ですがウェブにアクセスしてくれる人とフォロワーの誰もが私に共感してくれているわけではありません。オンラインの世界も現実の世界と同じで、声をかけてくれる人みんなが私に興味をもってくれているわけではないのです。ですから自然に人間関係が広がり、熟してくるのを待つしかありません。ある人との関係が仕事の関係になるかプライベートの関係になるかも時間が経たないとわかりません。まずは継続することが大事です。

・サイトは少なくとも週に１回はチェックしましょう。サイトをチェックする時間をあらかじめ予定に組みこんでおくといいでしょう。サイトをチェックするとは具体的には、掲載された情報についてコメントを書いたり、リクエストを承認したり、送られてきたメッセージを読んだり、返答を書いたりすることです。でも何かをしている最中にツイッターやフェイスブックをチェックしないでください。目の前のことに集中してください。

・ソーシャルネットワーク上では自分の立場をきちんと自覚してコミュニケーションをはかるべきです。あなたがサイトに書きこんだコメントを読んで他人はあなたのことを知り、共感できる場合はあなたに信頼をよせるようになります。ですからサイトには必ず、自分が本当に伝えたいこと、つまり自分にとって大事なこと、個性や能力をアピールするもの、相手のためにもなることを書きましょう。XINGやツイッターでやりとりした相手に実際に会うことも少なくありません。ソーシャルネットワーク上ではいろいろな人間がいろいろな形で交わるものだからです。コメントはよく考えてから書く。これさえ気をつけておけば、おのずと慎重なコミュニケーションがはかれるはずです。

・オンライン上の情報収集も社交の場での情報収集と同じくらい大事にしましょう。私たちは毎日インターネットから求人広告、問題の解決策、企業情報、職業上のアドバイス、仕事の依頼など多くの情報を手に入れています。それらは、人と直接話して得られる情報と何ら変わりありません。

　しかし人間関係は、オンライン上ではなく、生身の人間と直接関わることで初めて成り立つものです。チャットも、ツイッターも、フェイスブックのメッセージも、Eメールも、現実の出会いの代わりにはなりません。インターネットは出会いのきっかけを見つけたり、出会った後に連絡を取り合ったりするために利用するものです。ですから、ある人の人柄にひかれ、関係を深めたいと思ったら、それ以降は「直接会う」ことを優先すべきです（インターネットで知り合った相手が外国に住んでいる場合は例外ですが……）。

まとめ

・「内向型人間」は基本的に社交の場で他人とうまくコミュニケーションすることができます。特に自分の性格と心の要求を理解し、自分らしく他者と関わろうとする人ほどうまくいきます。

・「内向型人間」が人脈づくりをするために活かせる方法は5つあります。方法（1）：目的を明確にする。方法（2）：投資できるものを知る。方法（3）：知り合いどうしを知り合いにする。方法（4）：知り合いをとおして知り合いをつくる。方法（5）：忍耐強くなる。

・「内向型人間」は長続きする深い人間関係を求めます。量よりも

質を大事にするからです。

・「内向型人間」が社交の場で活かせる強みは、「人の話を聞くことができる」、「落ち着いている」、「優れた分析力を活かしてその場に合う話題を選び、話し相手を引きつけることができる」の3つです。

・社交の場では、まず自分の心の要求に耳を傾けなくてはなりません。「内向型人間」は一度に多くの刺激や情報を得るとストレスを感じて繊細になり、積極的にコミュニケーションをはかる代わりに受け身になってしまう傾向があるからです。そのことを避けるためには社交の合間にときどき休憩しなくてはなりません。イベント会場などでは、ひとりで休憩できる場所を前もって見つけておくことです。またコミュニケーションの方法を知り、計画的に行動することも大事です。

・書くことが得意な「内向型人間」は、ソーシャルメディアを活用すればコミュニケーションの足りない部分を上手に補うことができます。しかしソーシャルメディアはあくまで限定的および補完的に利用するもので、「現実の出会い」の代わりをするものではありません。

第7章 交渉

　ジナはある有名な医科大学の博士課程に所属する生化学者です。目下、肥満患者の代謝異常と血中のある物質との関係について研究中です。肥満患者の血清を注射したマウスの血液を分析するという実験を集中的に行っています。分析項目は多岐にわたり、項目によってはかなりの精度が要求されます。今のところ実験はうまくいっています。ジナは研究に没頭し、毎日夜遅くまで実験を繰り返す日々を送っています。実験の第1段階はすでに成功し、国際医学会で結果も発表ずみです。この調子で10カ月以内に博士論文を書きあげると意気込んでいます。医科大学での仕事の契約が10カ月後に切れるので、それまでに博士号を取得したいからです。実はジナは修士課程に所属する2人の学生の指導教官でもあり、研究以外にも多くの仕事をかかえていたのでした。

　そうこうするうちにジナの計画は予定どおりに進まなくなりました。というのも、有名な生化学者であるジナの指導教授が大規模な研究プロジェクトに参加することになり、ジナに仕事の一部を任せたからです。仕事をひとりでさばききれなくなった彼女は指導教授に実験室の基本業務を手伝うアシスタントをひとり雇うよう願い出ることにしました。

　ジナは指導教授と交渉することになりました。彼女には目標があり、それを実現するためには指導教授の協力がどうしても必要なのです。

ギブ・アンド・テイク

　交渉の目的は、自分と相手がたとえ異なる事情をかかえていようが、互いに助け合い、それぞれの希望を実現することです。交渉とはつまりギブ・アンド・テイクの関係を構築することなのです。ですから指導教授がジナの提案を受け入れるかどうかは、教授がその提案を受け入れることで自らの希望を実現できるかどうかにかかっています。教授にとってメリットが多ければ多いほど、交渉は成立しやすくなるということです。

　交渉を成立させないと、教授もジナも希望をかなえることができません。指導教授はジナがプロジェクトを支援し、さらに修士課程の学生を指導することを望んでいます。一方、ジナは10カ月以内に博士論文を終わらせたいと望んでいます。最も理想的な交渉の形は、両者が話し合い、ともに希望をかなえることができる決断をすることです。ですからこの場合、ジナにアシスタントをつけ、基本業務を手伝わせるのが一番よい決断なのです。

交渉の取っかかりをつかむ

　「内向型人間」は交渉においても能力を発揮することができます。それは「内向型人間」の強みが特定のコミュニケーションだけでなく、交渉にも活かせるものだからです。まずは交渉する前に次の2点を確認しておく必要があります。1つ目は、自分の立場を知ること。交渉相手に対する自分の立場がわかっていれば、交渉の取っかかりがつかめ、そこからいろいろな対策を練ることができます。2つ目は交渉のいくつかの段階と段階ごとにある課題を知ること。交渉の段階、つまりプロセスを知っていれば、適切に計画を立て、交渉することができます。

自分の立場を知るには次の３点を確認することです。

交渉：自分の立場を知るための３つの確認事項
確認事項（１）：自分の現状と目的を明らかにする
――自分ができることは何か？
――交渉して達成したい目的は何か？
――交渉相手はその目的をどう見るだろうか？
――交渉相手と交渉のテーマについてさらに何を知るべきか？

確認事項（２）：一番大事な交渉ポイントとその次に大事なポイントを確認する
――一番大事な交渉ポイントは何か？　その次に大事な交渉ポイントは何か？
――それぞれのポイントについて具体的にどういった結果を待ち望んでいるか？
――どういった結果なら少なくとも満足できるか？

　特に最後の２つの質問はとても大事です。

確認事項（３）：考えを明確にし、一致させておく
　個人ではなくチーム（たとえば、プロジェクトチーム）で交渉を行う場合は、前もって確認事項（１）（２）についてチーム全員で話し合っておくことです。全員の考えを統一させておくと交渉しやすくなります。

　特に確認事項（２）を明確にしておくと、柔軟な交渉が可能になります。柔軟性がないと交渉に失敗しやすいので柔軟性は大事です。

目的を達成する方法、希望をかなえる方法はいくつもあります。交渉相手にとってもそれは同じです！

交渉相手を理解する
　交渉相手の要求は交渉を開始するまではわかりません。ですから交渉を始めたら「相手」の要求をできるだけ理解しようと努めてください。すると交渉の妥協点を見つけやすくなります。

　交渉前も交渉中も、交渉後の相手との関係について考えましょう。たとえば「交渉相手は交渉の後、自分（自分たちの会社）についてどう考えるようになるか？」、「その結果どういうことが起こりうるか？」、「交渉後、交渉相手にはどういう気持ちでいてほしいか？」を考えるのです。

ジナの交渉の仕方
　ジナは3つの確認事項を明らかにして自分の立場を明確にすることができました。次がその内容です。

仕事の負担を軽減するための交渉：ジナの3つの確認事項の内容

確認事項（1）：自分の現状と目的を明らかにする
・ジナにできること：研究成果をあげる。一生懸命働く。責任を果たす。
・ジナの目的：アシスタント（学生アルバイト）に実験室の基本業務を手伝ってもらい、仕事の負担を軽減する。
・交渉相手から見たジナの目的：追加の費用がかかる。その一方でプロジェクトの仕事も修士課程の学生指導に関する仕事も増えている。仕事の分担を考え直す必要がある。

・交渉相手と交渉のテーマについてさらに知るべきこと：そもそもアシスタントを見つけること自体可能なのか？　前例はあるか？アシスタントの勤務時間は？

確認事項（２）：一番大事な交渉ポイントとその次に大事なポイントを確認する
・交渉ポイント：ポイントは１つ。仕事の負担を軽減したい！
・待ち望んでいる結果：アシスタントとして学生アルバイトを雇う！　信頼できる優秀な学生は何人もいる。
・少なくとも満足できる結果：博士論文を書き終えるまでは修士課程の学生指導をしない。ただし任せられたプロジェクトの仕事はキャリアアップのためにも受け入れ、計画どおり進める。

確認事項（３）：考えを明確にし、一致させておく
・ひとりで交渉しているので他人の意見と自分の意見を一致させる必要はない。
・明確にすべきポイント：他の研究者はアシスタントを雇うことについてどう思うか？　理解してくれるか、それとも反対するか？

詳細をつめる
　こうしてジナは交渉する態勢を整えることができました。でも以下の点についてはもっと具体的に考えておく必要がありました。

・アシスタントには週８時間から10時間働いてもらう必要がある。
・大学側にアシスタントを雇う経済的余裕があるかどうかわからない。自分が知る限り博士課程の研究者にアシスタントをつけた前例はない。
・周囲の研究者は自分の現状が大変なことを知っているので、アシ

スタントを雇うことには賛成してくれるはずだが、自分と同じように現在博士論文を書いている研究者はよい気がしないに違いない。アシスタントを雇うことになれば不公平だと思うかもしれない。

そして、指導教授と話をする日が決まり、ジナは交渉の詳細な計画を立てることにしました。

交渉のプロセス

交渉には段階がある

交渉はいくつかの段階から成り立っています。次に交渉の準備段階から交渉後の実行段階まで、段階ごとにこなさなくてはならない課題をまとめました。

交渉前の準備段階

課題：自分の立場を知るための3つの確認事項を明らかにする。

先に説明した3つの確認事項を明らかにし、自分（自分たち）の立場を把握する。交渉の日程、場所、参加者を決める。交渉の各段階にある課題に注意しながら計画を立て必要書類を準備する。

交渉段階（本番）

交渉段階（1）：始まり

課題：ポジティブな雰囲気をつくり出す。

課題のこなし方：雑談をする。明るく振る舞い、場の雰囲気をなごやかにする。簡単な質問をし、相手の答えを聞く。

交渉段階（2）：交渉

課題：妥協点を探る。

課題のこなし方：自分（自分たち）の意見、特に根拠を述べる。適切な質問をし、相手の意見をしっかりと聞く。自分の意見と相手の意見を比べ、妥協点を探り、解決策を導き出す。

交渉段階（3）：終わり
課題：解決策を実行に移すための計画を立てる。交渉相手と今後もよい関係を保てるよう工夫する。
課題のこなし方：話しをまとめ、これからすべきことを確認する。いい解決策が見いだせなかった（交渉が成立しなかった）場合には、場の緊張をやわらげることを優先する。気分よく話を終える。

交渉後の実行段階
課題：交渉の結果を再検討する。決定事項を実行する。解決策の長所と短所を確認し、改善すべき点と改善の仕方を考える。
課題のこなし方：交渉参加者だけで交渉の結果を再検討し、注意点を確認する。
交渉参加者以外の関係者に交渉結果を伝え、話し合いをする。決定事項を文書化する。

ジナの交渉：交渉の準備段階
　ジナは交渉の準備段階で次のことをしました。

・3つの確認事項を明らかにした（前記参照）。
・日程と場所（指導教授の部屋）を決めた。
・A4の紙2枚に現在かかえている仕事の内容とアシスタント候補を書き出した。

ジナの交渉：交渉段階

　ジナは本番直前になって交渉段階（1）では雑談はあまりせずに交渉段階（2）に入ろうと決めました。指導教授は普段は親切で社交的（外向型人間）ですが、時間がないと短気になりやすいからです。また「こうでないといけない」と決めつけられるのが嫌いです。だから、自分にはすべての任務をこなすだけの時間がないこと、よく考えた結果の提案であることだけを伝え（準備した書類を見せる）、その後は教授の意見をじっくり聞こうと考えたのです。ここまで考えたら、あとは教授がジナの希望どおりアシスタントを雇うこと、それが無理なら、少なくとも博士論文を書き終えるまでは修士課程の学生の指導をしないことを許可するのを願うだけです。

　注意すべきことをまとめておくと、上手に交渉することができます。

交渉中の注意点

・交渉相手は必ず説得できると信じる。たとえ交渉相手から話をさえぎられたとしても「すみません、最後まで話をさせてください」ときちんと言う。
・話が脇道にそれたら、相手が気分を害さないよう、注意深く話題をもとに戻す。
・意見を述べるときは、交渉相手にふさわしい言葉を選ぶ。
・正面から相手の目を見て話をする。足を組んだり、肩をすくめたりしない。
・一方的にまくしたてられたり、時間がないとせかされたりしても、落ち着いて対処する。ストレスや怒りを感じたら深呼吸をする。

　こうしてジナは交渉をうまく成立させることができました。担当

教授は（なんとしても成功させたい）新規のプロジェクトにはいろいろな人の助けが必要だと述べ、プロジェクトに参加できるほど高い能力をもつ人であればアシスタントとして雇うことを承諾したのです。そしてアシスタントの候補者リストと履歴書を確認すると、ジナに面接の日取りを決め、大学の事務局に報告するよう指示しました。ジナはこの結果に大変満足し、今後の見通しが立って安心できた喜びを教授に伝えました。

「内向型人間」の強みは交渉でも活かすことができます。次に交渉の本番で活かせる「内向型人間」の強みとその活かし方をまとめました。

交渉に活かせる「内向型人間」の強み

強み（4）：人の話を聞くことができる

交渉相手は大事に扱われていると感じる

　人の話を聞くことができると、交渉はスムーズに進みます。自分の意見を述べる人は相手の意見にも耳を傾ける覚悟ができていなくてはなりません。特に交渉段階（2）は適切な質問をし、相手の答えをきちんと聞くことができればうまくいきます。交渉相手は大事に扱われていると感じ、あなたに協力するようになるからです。するとその場の雰囲気がなごみ、あなたもリラックスして話ができるようになります。

相手の要望を自分の考えの中に取り入れる

　人の話を聞くと、他にもよいことがあります。それは交渉相手の意図や要望を聞き逃さないですむ点です。相手の意図や要望を自分

の考えの中に取り入れていけば、両者ともに満足できる結果を出しやすくなります。

　ジナの交渉の場合もそうでした。教授はアシスタントの雇用に話が及ぶと何度も「プロジェクトを成功させなくてはならない。それにはよい人材が必要だ」という言葉を口にしました。それに気づいたジナは、アシスタントにもプロジェクトの仕事を任せてはどうかと教授に提案してみたのです。すると教授にとってアシスタントを雇うことが急に魅力的に思えてきたのでした！

交渉相手の話を聞くときに大事なこと
　相手の話は次の3点を確認しながら聞きましょう。

1　相手の要望は何か？

2　相手はどんな気持ちでいるか？

3　この先どういった展開になる可能性があるか？

　相手の話は冷静に聞きましょう。相手の意見を批判ととらえるのではなく、そのまま受け入れ、それについて考えるのです。そして理解できたことを自分の言葉で表現してみましょう。たとえばジナの指導教授は交渉段階（3）の終わりに、「アシスタントを雇う段階で問題がないことを祈るよ！」と言いました。ジナは教授のいらだちに気づいたので、彼の言葉の裏にあるものを自分の言葉に置きかえ、こう質問してみました。「もしかして過去にアシスタントを雇おうとして何か問題があったのですか？」と。すると教授はアシスタントの雇用手続きで事務局ともめたことがあると話してくれま

した。そこで2人はどうすれば事務局ともめずにアシスタントを雇用できるかを一緒に考えることにしたのです。

強み（5）：優れた分析力をもつ

「内向型人間」は優れた分析力をもつので、交渉中も自分の立場をきちんとわきまえ、相手の要望と自分の要望をうまくすり合わせることができます。また必要な情報と必要でない情報を見分けるのも得意です。交渉中に分析力を最大限活かしたいなら常にこう自問することです。

・この情報をどう活かせば交渉は進展するか？

相手の話を聞くと解決策が見つかる

ジナも交渉のはじめの段階では、大学側にアシスタントを雇う経済的余裕があるかどうか知りませんでした。交渉を始めていきなりお金について質問したくはなかったので、教授の口から研究費や人件費という言葉が出てくるのを待ち、その部分の話を特にしっかりと聞くことにしました。すると話すポイントが見えてきました。ジナは自分の博士論文のせいで研究室の仕事がとどこおり、プロジェクトが長引くことになれば大学側の経済的負担が増えると指摘したのです。そこで2人はアシスタントを雇う場合の人件費を見積もってみました。するとアシスタントを雇うほうがプロジェクトの仕事が長引くよりも経済的負担が少ないことがわかったのです！

強み（6）：辛抱強い

交渉をリードする

辛抱強い「内向型人間」は、交渉では有利です。相手を尊重しな

がら辛抱強く交渉できるからです。紆余曲折があろうとも、長い間交渉しつづければなんらかの成果はあげられるものです。しかし辛抱強く交渉しつづけることは、自分の意見を主張しつづけることではありません。自分の意見に固執することはエレガントな手段でも有効な手段でもありません。大事なのは、会話をリードするために辛抱強さを利用することです。辛抱強く言葉を選び、相手を納得させるのです。次のような言い回しを覚えておけば会話をリードしやすくなります。

会話をリードするための言い回し

―「もう一度Xに話を戻しますが……」
―「今の話であなたが最初におっしゃった言葉を思い出しました。それは……」
―「あなたがおっしゃりたいのは、つまり……ということですか？」

こういった言い回しを活用すれば話を自分のペースにもっていくことができます。会話をリードできるのです！

強み（7）：人の気持ちがわかる

相手とよい関係を保つ

　交渉では相手とよい関係を保つことが大切です。「人の気持ちがわかる」という「内向型人間」の強みはここでも活かすことができます。人の気持ちがわかれば、相手の気持ちを無視して自分の意見を押しとおしたりはしないものです。だから相手にもよい印象を与えることができます。

理解を得られるよう努める

　人の気持ちがわかる「内向型人間」は交渉相手の理解を得られることが大切だと考えます。相手を強引に、または言葉巧みに説得して交渉を成立させようとは思いません。これは交渉を行う上で理想的な態度です。ジナも教授との信頼関係をこわしてまで、アシスタントをつけることにこだわろうとは思っていませんでした。

　人の気持ちをわかろうとするのは立場が低い人だけではありません。たとえば「内向型」の上司は何ごとも部下の理解を得てから、決定しようとします。部下を強引に言いくるめるようなことはしません。だから部下から信頼されるのです。

交渉を気持ちよく終わらせる

「人の気持ちがわかる」人は、たとえ合意に至らなかったとしても交渉を気持ちよく終わらせることができます。たとえば「今回の結果は残念ですが、次はきっとあなたを説得してみせますよ！」といった嫌味のない言葉で、今後も交渉する意志があること、自分の考えに自信をもっていることを相手に伝えるのです。このようにして対抗心や自信を見せることは悪いことではありません（「外向型人間」のようにあからさまに見せつけることはよくありませんが……）。

> **あなたへの質問**

交渉に活かせるあなたの強みは何ですか？　それを活かせば何ができますか？

＿＿＿＿＿＿＿＿＿＿＿＿＿＿＿＿＿という強みを活かせば

・・・・●・・・

_____できる。

_____という強みを活かせば

_____できる。

_____という強みを活かせば

_____できる。

　交渉に活かせる強みもあれば、交渉を妨げる弱みもあります。「内向型人間」にとってこの弱みを克服することは試練とも言えます。次に「内向型人間」の弱みの問題点とその解決法をまとめました。

交渉を妨げる「内向型人間」の弱み

弱み（6）：頭でっかち

感情は根拠に勝る

　分析好きで頭でっかちな「内向型人間」の多くは間違った認識をもっています。「きちんとした根拠を示しさえすれば相手を説得できる！」、「客観的に見て一番正しいものを選んでおけば何でもうまくいく」と思いこんでいます。ですが、私たちは人間です。心をもっています。相手の感情を無視して客観的に正しい根拠を述べたところで、交渉はうまくいきません。

交渉の中にある感情的な要素

　当事者の感情は交渉にいろいろな形で作用します。ここでジナの交渉についてもう一度考えてみましょう。この交渉の場合、教授の態度と2人のコミュニケーションに影響を及ぼす感情的な要素は3つありました。1つ目はジナと教授の信頼関係。2人は毎日一緒に仕事をし、互いに信頼し尊重し合うというよい協力関係を築いていました。そして2つ目は地位の差。地位の差は一見感情とは無関係のようにも見えますが、そんなことはありません。教授はこう思い悩んでいたからです。「指導教授が博士号取得を目指す研究者の現実を把握していないのは問題に違いない。それならジナの要望にどう対応すべきだろうか？　どういった条件なら、ジナの要望を受け入れてもいいだろうか？　でもジナの要求を受け入れたら、口うるさい同僚は私のことをどう思うだろうか？」と。

交渉相手のその日の気分を考慮する

　そして3つ目の感情的な要素は、陳腐に聞こえるかもしれませんが教授の「その日の気分」です。朝から頭が痛かったり、妻と喧嘩したりしていれば気分が悪いでしょう。反対に朝ジョギングをしたら、最高に気分がよいでしょう。感情は私たちが思っているより交渉に大きく影響します。だからこう考えるべきなのです。

- 感情的なものを知ることも交渉の一部

　次は「柔軟性に欠ける」という弱みについて見てみましょう。自分の意見に固執しないで交渉する方法をまとめました。

弱み（8）：柔軟性に欠ける

交渉には柔軟性が必要

　交渉する人は柔軟でなくてはなりません。なぜなら交渉とは自分と相手の要望をうまくかみ合わせることだからです。交渉中に柔軟であるとは、自分が正しいと思う決定基準や選択肢や解決策を相手の意見に応じて調整し、改善することです。よい考えは交渉を始めてからでないと生まれないことも多いのです。

　ですから交渉中に1つの意見に固執してしまうとよい結果は望めません。「内向型人間」の多くは予想外のことが嫌いで、急に考えを変えたりするのも苦手です。ですが交渉が始まれば、そんなことを言っていられません。交渉は自分の力だけでコントロールできるものではありません。予想外のことが起こるのが普通です。つまり4拍子の曲が3拍子のワルツに変わったら踊り方を変えなくてはならないのです。「内向型人間」のみなさん、だからといって心配しないでください。柔軟性を身につける方法はあります。「内向型人間」の優れた分析力（「書くことが得意」という強みも！）を活かし、必要な情報と必要でない情報を分けて整理するのです。すると交渉中も柔軟に考えることができます。

常に分析して柔軟性を維持する：交渉のすすめ

　交渉中にはメモを取り、常に話の全体を把握しましょう。メモをもとに重要なポイントを押さえ、妥協点を探りましょう。いい案が浮かんだらそれを書きとめることも大事です。

　メモを取ることが交渉の妨げになることはありません。それどころか交渉相手はあなたがメモを取るのを見て、真剣に話を聞いてもらえていると感じるでしょう。

弱み（10）：争うのがこわい

相手が威圧してきたら
　交渉で自分の立場を優位にするために相手を威圧する人がいます。意識的かどうかはともかくとして、決断をせまったり、早口でまくしたてたり、大声を出したり、指で机をたたいたり、前のめりになって話をしたりして相手に圧力をかけるのです。「時間がない」と言って相手をせかしてすぐに「はい」と言わせることも威圧の一つと言えるでしょう。特に気性が激しく、興奮しやすい「外向型人間」にそういった態度をとる人が多いようです。「内向型人間」は相手から威圧されると萎縮してしまいます。争いをけしかけられていると感じ、それが大きなストレスになるからです。これでは交渉もうまくいきません。

距離を置く
　交渉の場で威圧されたら、まずは感情的にならないことです。まるで動画でも見ているかのように状況と相手を冷静に観察しましょう。すると反射的に委縮したり、「相手に対して引け目を感じたり」することが少なくなります。

威圧対策（1）：深呼吸し、自分のペースで話をすすめる。
　交渉の進め方と終わり方は自分で決めることができます。交渉相手のペースに合わせる必要はありません。せかされたら逆にゆっくり対応しましょう。深呼吸し、自分のペースで話を進めましょう。

威圧対策（2）：交渉相手から威圧されていることを冷静に受け止める。
　交渉相手から威圧されたら、言葉とボディーランゲージの両方を

使って対処しましょう。まずは相手の話の要点を自分の言葉で簡潔にまとめてください（相手の要求には言及せずに）。たとえば「わかりました。あなたにとって大事なことは予算を現状のまま維持することなのですね」と言います。つまり話をきちんと聞いていることを相手に示すのです（譲歩するのではなく）。声を荒げたり、口調を変えたりせずに、自分のテンポで話を続けましょう。相手の顔を見て話すようにしてください（ただし、にらみつけてはいけません）。見るのは相手の顔の「三角ゾーン」、眉と鼻の頭をつなぐ三角形の部分です。

沈黙の威力

　沈黙を交渉に利用しましょう。早口で話しつづけるのではなく、ときどき沈黙をはさみながら話す人は自信があるように見えます。ですから交渉相手から何かを提案されたらしばらく黙ることです。すぐに意見を言う必要はありません。まずはその提案についてゆっくり考えてください。交渉相手はその間にもしかしたら提案内容を修正したり、譲歩したりするかもしれません……。あるいは返事をせかしてくるかもしれません。その場合は「休憩をとりたい」と言いましょう。時間を置いてから話をするのです。

威圧対策（３）（必要な場合のみ）：休憩をとる！

　交渉中に休憩をとれないこともあります。たとえば交渉相手が多忙だったり、遠くから出向いたりしている場合です。そんな場合は我慢するしかありません！　でも心配はいりません。「人の話を聞くことができる」、「優れた分析力をもつ」、「辛抱強い」という強みを活かし、威圧対策（１）、（２）を守れば、「争うのがこわい」という弱みは「克服」することができます。ぜひ試してみてください！

CHAPTER 7

あなたへの質問

今度交渉するときは、自分の弱みをどう克服したいですか?

_____という弱みを

_____

(する)ことで克服したい。

_____という弱みを

_____

(する)ことで克服したい。

_____という弱みを

_____

(する)ことで克服したい。

まとめ

・交渉とは自分と交渉相手の考えの妥協点を見出すことです。

・交渉の準備段階ですべきことは、自分の立場を明確にし、交渉段階ごとの計画を立てることです。これさえ準備しておけば、交渉が「難航」しても乗りこえやすくなります。

・「内向型人間」は「人の話を聞くことができる」、「優れた分析力

をもつ」、「辛抱強い」、「人の気持ちがわかる」という強みを交渉に活かすことができます。

・交渉の妨げになるのは、「頭でっかち」、「柔軟性に欠ける」、「争うのがこわい」という弱みです。でも自分の「弱点」を自覚し、間違いや過度のストレスを避ける方法を学んだ人は、交渉をうまく進めることができます。これは特に「争うのがこわい」という弱みが顕著な人に言えることです。

第8章 スピーチ

　マニュエルはある中堅の鉄鋼企業で働いています。仕事をてきぱきとこなす有能な社員です。会社の経営状態も社員のことも熟知しています。経営管理部門で２、３年キャリアを積んだ後、能力を買われ、最近部長に昇格しました。すると仕事で関わる人の数が以前よりずっと増えました。これまでは会議をしても参加者は10人ぐらい、多くとも15人でした（チームの恒例ミーティングで年間決算報告や予算案を発表するのが彼の担当でした）。マニュエルは「内向型人間」なのでこの人数でも多すぎると思っていましたが、全員よく知っている同僚だったのでそれほど緊張せずにこなすことができました。

　ところが部長に昇格したとたんに、状況が変わりました。マニュエルは昨日、同じ部署の中堅社員であるザイフェルト氏が退職することを知りました。部署内の社員が退職する場合、部長である彼は送別会で別れの辞を述べなくてはなりません。ザイフェルト氏はよい同僚で、マニュエルとも気さくに話ができる仲です。ですが、120人もの前で慣れないスピーチをするなど想像しただけで冷や汗が出てきます。「できることなら逃げ出したい」と思いました。

スピーチを極める方法

　「内向型人間」の多くは、マニュエルのようにスピーチが苦手です。なぜなら「大勢の人に話しかける」、「スポットライトを浴びる」、

「ひとりで休みなく話しつづける」といった自分らしくないことをしなければいけないからです。これは「内向型人間」にとって大きなストレスになります。

スピーチは練習すればできるようになる

　大丈夫です。「内向型人間」のほとんどはスピーチが苦手と言いながら、それでもやってのけます。カリスマ性があり話し上手であるにこしたことはありませんが、そういった素質がなくても人前で上手に話をすることはできます。スピーチや講演は、練習すればうまくできるようになるのです。アメリカのバラク・オバマ大統領も専門家のもとで演説のトレーニングを受けたそうです。オバマ大統領は今でこそ巧みな話術で人の心を引きつける名演説家と呼ばれていますが、以前はジャーナリストから「大学の講義のように硬い」、「退屈」、「硬くて単調な演説しかできない」と批判されていたと言います（タイムマガジン、2008年5月8日）。

　しかしオバマ大統領は2004年、ボストンで開かれた民主党全国大会で歴史に残るようなすばらしい演説（17分：2297ワード）をやってのけ、多くの国民の心をとらえました。大統領は一晩で名演説家に変身したわけではありません。何年もかけて独自の演説スタイルを確立し、「国民に希望を与える政治家」という自己イメージを定着させることに成功しただけです。これは辛抱強く自分の弱みと向き合い、その一つ一つを克服していったからこそ果たせた偉業です。「内向型人間」の一つの成功例なのです。

練習すれば、落ち着いて話せるようになる

　つまり、大統領や首相でなくても練習をすれば誰でも名演説家になれるということです。最初は経験も少なくて大変かもしれません。

ですが人前に出て練習の成果を試せば試すほど、堂々と落ち着いて話ができるようになります。

スピーチをやりとげた瞬間を想像してみてください。「頑張った甲斐があった！」、「よし、うまくいった！」と思えるのはどんな場合でしょうか？　スピーチを成功させるために必要なものを一度具体的に考えてみてください。

成功するスピーチの特徴

成功するスピーチとはどういうものかを知るためには３つの基本的な成功基準を把握しておく必要があります。ですがこの基準は成功のハードルを上げてみなさんにストレスを与えるためのものではありません。そうではなくて「成功するスピーチ」という言葉の意味の曖昧な部分を明確にするためのものです。次に紹介する３つの成功基準にしたがえば、誰でもスピーチを成功させることができます。オバマ大統領の例からもわかるように一番大事なのは練習です！

成功基準（1）：自分らしさを見せる

成功基準（１）はあなた自身、つまりスピーチをする人に関するものです。聴衆は自分らしさを見せる人の話は真剣に聞きますが、嘘の自分を演じている人の話には耳を傾けようとはしません。演じている人は結局、自分自身が苦しい思いをするだけです（何年も演劇のトレーニングを受けている人は違うかもしれませんが……）。スピーチをするのに自分とは違う誰かを演じる必要はありません。人前に立っても自分らしくいましょう！　そのほうが無駄なエネルギーを使わずにすむので、よいスピーチができます。

もともと冷静で落ち着いた性格なら、人前に立ってもそのままでいましょう。嘘の自分を演じても、聴衆を感動させたり説得したりすることはできません。それよりは信頼できる情報を伝えたり、テーマの重要性をうまく表現したりすることに意識を集中しましょう。専門的で内容の濃い話を落ち着いてするだけで、聴衆はあなたの話に耳を傾けるようになります。自分にはユーモアのセンスがないと思うなら、冗談など交えずに、ただ落ち着いて話すことを心がけましょう。大げさに振る舞う必要もありません。自分に合うスピーチのスタイルを確立するのです。満面のつくり笑いなどしなくても、ここぞというときに自分らしく微笑めばいいのです。その方が聴衆の関心を引くことができます。

あなたへの質問（次のスピーチのために）

あなたに合うスピーチのスタイルとはどんなものですか？　当てはまる特徴にチェックマークをつけましょう。

気楽 ☐　真剣 ☐　明確 ☐
ユーモアあふれる ☐　本質的 ☐　正直 ☐
前向き ☐　具体的 ☐　方向性がはっきりしている ☐
モチベーションを高める ☐　心がこもっている ☐　簡潔 ☐
人を励ます ☐　内容が濃い ☐　会話のような ☐
わかりやすい（たとえ難しい内容であっても） ☐
よくとおる声で話す ☐　抑揚をつけて話す ☐
振る舞いが堂々としている ☐　振る舞いが謙虚 ☐
その他の特徴

スピーチに活かせる自分の強みをまず知ってください。もしそれがわからないなら、周囲の人に「私の強みはどんなところ？」と聞いてみましょう。さあ、どんな答えが返ってくるでしょうか？　人前に出て堂々と話がしたいなら、自分の強みを自覚し、その強みをもとに独自のスタイルを確立することです。これがスピーチを成功させる最も簡単な方法です。しかし何度も書いたとおり、活かせる強みがあれば、邪魔になる弱みもあります。ですからスピーチをするときも強みだけでなく弱みも自覚しておく必要があるのです。そうすれば、スピーチをしている間にストレスや心の要求を感じてもうまく対応できるようになります。

　マニュエルの強みは、適度な声の大きさで落ち着いて語りかけるように話ができることです。彼自身もこの自分の強みを活かしたいと考えていました。送別会でのスピーチは彼にとって生まれてはじめての「大スピーチ」です。何としても成功させ、「できる」新部長として社員から認められたいと考えていました。

成功基準（2）：明確なメッセージを伝える

　成功基準（2）はスピーチの内容に関するものです。あなたがスピーチで一番言いたいことは何でしょうか？　つまり聴衆に一番わかってもらいたい言葉は何でしょうか？　明確なメッセージをもたないでスピーチをしてはいけません。ある人物を評価したい、ある商品の宣伝をしたい、ある科学的仮説を立てたい。「これだけは伝えたい」と思うことが必ずあるはずです。

　そこでマニュエルは一番伝えたいことを自分らしい言葉で表現してみました。「みんなでザイフェルト氏の長年の功績を称え、この

新たな旅立ちを祝おうではありませんか！」と。そしてこの言葉をもとにザイフェルト氏についての情報（職場での思い出、彼の長所や部署での評価など）を集め、スピーチの全体を考えていくことにしたのです。

　この成功基準（2）は3つの成功基準のうちで「内向型人間」が最も満たしやすいものです。これは特に優れた分析力をもつ「内向型人間」に限ったことではなく、「内向型人間」全般に言えることです。「内向型人間」は基本的に言いたいことをきちんと考えてから話をします。ですからスピーチの場合も言いたいことを中心に話をしようとします。これはとてもいいことです。言いたいことさえはっきりしていれば、あとはそこから話を押し広げていけばいいからです。こんなふうにスピーチの内容を組み立てていけば本番でも堂々と話ができます。聴衆の関心を引きつけることができるのです！

あなたへの質問（次のスピーチのために）

スピーチで一番伝えたいメッセージを一文で表現すると？

どういった内容を追加すれば、話を広げることができますか？

どういった内容を追加すれば、一番伝えたいメッセージを引き立たせ、聴衆を引きつけることができますか？

成功基準（3）：聴衆の要求に応える

　成功基準（3）は聴衆との関係に関するものです。スピーチは聴衆の心に響いてはじめて成功します。つまり、聴衆が「話についていける」（話の方向性がしっかりしている）、「話についていきたい」（スピーチの内容が面白い）と思ってはじめてうまくいくのです。この2点をクリアするとスピーチしやすくなります。なぜなら聴衆の冷たい視線を浴びながら、それでもよい印象を与えようと神経をとがらせて話をする必要がなくなるからです。ですがそうなるためには聴衆を理解し、聴衆の要求に応えようとする姿勢が常に必要になります。つまり「聴衆は何を求めているか？」、具体的に言うと、「聴衆のために、話の方向性を明確にし、内容を面白くするにはどうすればいいか？」を常に考えなくてはならないのです。

　まずは、スピーチの内容を考える時点でこう自問してください。
・聴衆が欲しがっている情報は何か？

- 聴衆はどういったテーマに精通しているか？
- 聴衆に合う話し方は？
- 聴衆はどういう気分で、どういった期待を抱いてスピーチを聞きに来るか？
- 聴衆の期待に応えたい、それとも、驚かせたい？

　マニュエルはこう考えると、1つのことを確信しました。それは、聴衆はみんな彼に興味をもっているということでした。「新しい部長はどんな人だろう？」、「社員とどう付き合う人なのだろう？」と考えているに違いありません。ですから社員がマニュエルのことを「部下を大切にする心温かい上司だ」と思えるようなスピーチをしたいと考えたのでした。

あなたへの質問（次のスピーチのために）

聴衆はどんな人たちですか？

_____

どういったスピーチをすべきだと思いますか？

_____

聴衆はあなたのこと、あなたの役職をどう思っていますか？

_____

聴衆の中に派閥のようなものはありますか？　あるならどういった

派閥ですか？

聴衆はスピーチのテーマにどの程度精通していますか？

聴衆はスピーチを聞く前の段階で、そのテーマについてどのような見解をもっていると思いますか？

聴衆とあなたの「共通点」は何ですか（スピーチの導入部でその話ができる）？（たとえば、出身地、学歴、趣味、職種、意見……）

これらの質問に答えてみて、スピーチのどこを特に工夫したいと思いましたか？

成功するスピーチの関係図

　3つの成功基準にしたがえば、スピーチを成功させる可能性が高くなります。次は3つの成功基準の関係を図に表したものです。

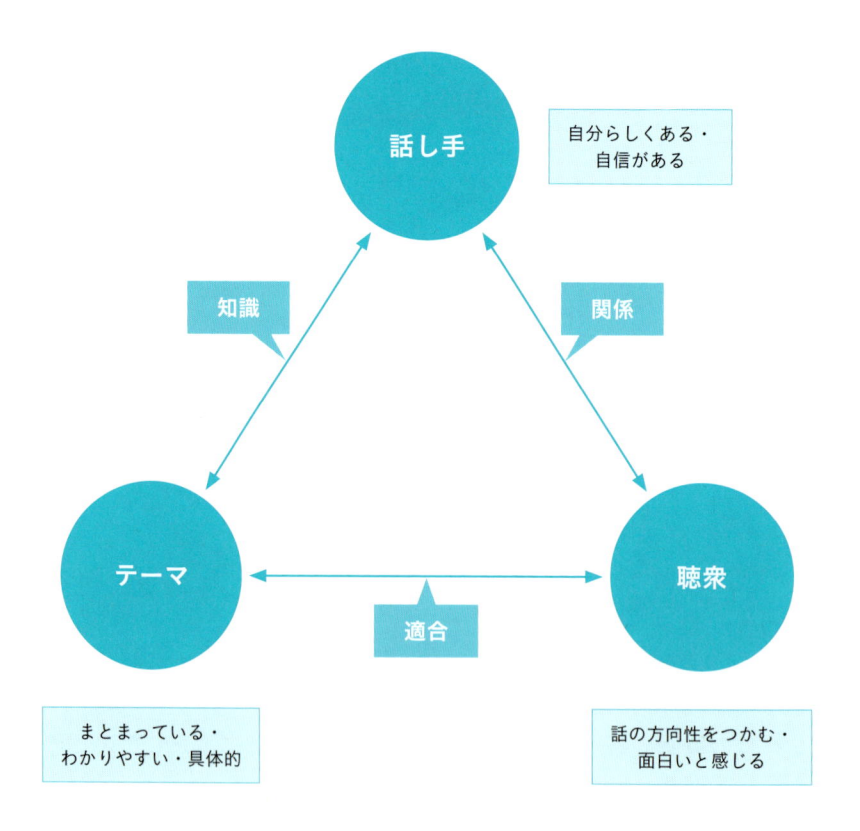

```
                    話し手
                              自分らしくある・
                              自信がある

         知識                    関係


    テーマ          ←適合→         聴衆

  まとまっている・              話の方向性をつかむ・
  わかりやすい・具体的            面白いと感じる
```

　これでスピーチをする準備がすべて整ったわけではありません。準備にはもっと時間をかけましょう。そうすれば安心感だけでなく聴衆の共感も得られます。ひとりでゆっくりと準備をすることは「内向型人間」の性に合っています。まずは聴衆のいない場所で思う存分練習することです。

準備をする意味

　考える前に語るべからず。この「ことわざ」はおそらく「内向型」の古人が考え出したものでしょう。しかし考える時間が十分あるときもあれば、ないときもあります。時間がなければ集中的に考えるしかありません（強み（３））。スピーチの準備をするときも同じです。スピーチでは本番だけでなく準備も大切です。話の内容と構成を前もってしっかりと考えておけば、人前でも安心して話すことができるからです。

　スピーチの準備は前述の３つの成功基準を確認することからはじめてください。まずはそれぞれの成功基準に添えた「あなたへの質問」（話し手と内容と聴衆についての質問）に答えましょう。その答えがあなたのスピーチの枠組みになります。そして次に考えるべきは話の構成です。

　スピーチは何であれ（乾杯・別れの辞、経営報告など）、「序論」、「本論」、「結論」の３部構成がよいとされています。これは単なるマナーではなく、それ以上の意味があります。「序論」、「本論」、「結論」の目的と役割を次にまとめました。これを念頭に置いて、スピーチの構成を考えてください。

「序論」、「本論」、「結論」の目的と役割

「序論」
・聴衆の興味をかきたてる
・話の方向性を示す

「本論」

・話を面白くしながら、全容を伝える

「結論」
・一番伝えたいメッセージを伝える
・聴衆に考えてほしいこと、してほしいこと、支援してほしいことを明確にする
・話をポジティブに締めくくる

スピーチ構成表を利用し、準備する

　次のスピーチ構成表を利用すると「序論」、「本論」、「結論」すべての目的と役割を確認しながらスピーチの構成を考えることができます。

スピーチ構成表
スピーチの題名： 一番伝えたいメッセージ：
序論 《話を始める》：（一般的知識または最新情報を取りあげて聴衆の興味をかきたて本題に移行する）

スピーチの概要を簡単に説明：

本論：３部構成／話すポイントを３つにわける！

ポイント１：

出したい結論／あげたい効果：

ポイント２：

出したい結論／あげたい効果：

ポイント３：

出したい結論／あげたい効果：

結論
全体のまとめ／大事なポイントを強調

《話を終わらせる》：全体をさらに大きなテーマに移行させる

自己アピール

このスピーチ構成表は、私がノルベルト・ブルッガーとの共著書『実践スピーチ』（2010年）（訳注：邦訳なし）の中で紹介したものと同じです。私は講義やセミナーの内容を考えるときにこの表を利用しています。もちろん話す内容を考える上で前提になるのは話すテーマに自分自身が精通していることです。「内向型人間」は調べることが好きなので、この点については問題ないと思います。このリストを利用すれば話したい内容をしかるべき順番に並べ、スピーチを正しく組み立てることができます。

　スピーチは会話ではないのでコミュニケーション上の問題はありません。相手の質問にすぐに答えたりする必要がないからです。すべて計画どおりに進めればいいのです。

スピーチで自分の強みを活かす

「内向型人間」の多くは、スピーチは「外向型人間」の得意分野、「晴れ舞台の場」だと思いこんでいます。これではやる気も失せるでしょう。実は「内向型人間」にもスピーチに活かせる強みがあります。それらをうまく発揮すればすばらしいスピーチをすることができるのです。

典型的な「内向型人間」の強み

　では「内向型人間」がスピーチに活かせる強みについて考えてみましょう。「内向型人間」の多くは自分の強みを活かしきれていません。ここではそういった活かしきれていない強みに焦点を当ててみたいと思います。

強み（2）：本質的なものを見出す

本質的なものを見出す能力がある人は自分が話す内容をきちんと把握しています。ですからそれをスピーチに活かせばいいのです。「内向型」のマニュエルも、内容が退屈で浅はかなスピーチだけはしたくない、と思っていました。

次に内容の濃いスピーチの特徴をまとめました。

内容の濃いスピーチの特徴

1　決まり文句を言わない
（今日は大勢の方にお集まりいただき……。大変恐縮ですが最後にもう1点……など）

2　内容に深みがあり、情報に間違いがない

3　自分をよく見せようとしたり、くだらない冗談を言ったりしない

4　自分自身のことはスピーチのテーマとの関連でしか話さない

5　要点が明確である

テーマに自分を関連づける

内容がまとまったスピーチとは、話し手が自分のことばかり話さずに「本質的なことだけを話す」ことを意味します。このようなスピーチは聴衆も落ち着いて聞くことができます。退屈することもあ

りません。「本質的なことだけを話す」とは、事実だけでなく、テーマと関連づけて自分のことも伝えることです。つまり、あるテーマについて話をしながら、聴衆には「話し手は自分自身について語っている」という印象を与えることです。ですからスピーチの準備段階ではテーマの中で「自分にとって一番大事なことは何か」、「自分が一番興味をもっていることは何か」、「自分が一番伝えたいことは何か」を明らかにしておきます。そうすればスピーチの中に個性が生きてきます。

　マニュエルは一度ザイフェルト氏と出張したときのことを思い出しました。会社では見られないザイフェルト氏の一面を知り、驚いたことが印象に残っていたのです。彼は移動中マニュエルに（少しはにかみながら、それでもうれしそうに）趣味で彫刻をやっていること、最近、個展開催の依頼を受けたことを話してくれました。そのことは会社の誰も知りません。そこでザイフェルト氏の承諾を得て、送別会のスピーチでそのことについて話すことにしたのです。何とすばらしいテーマでしょう。ザイフェルト氏は退職後、彼にとって、もっとも本質的で価値のある彫刻という仕事に没頭することができるのですから。その後、個展に出向き、彼の作品を初めて見たときの感動も聴衆に伝えたいと思いました。

強み（3）：集中力がある

集中力で印象づける

　マニュエルのスピーチは内容的には完璧でした。ですが彼にはまだ心配ごとがありました。「自分の落ち着いた態度とのんびりした口調はスピーチ向きではないので聴衆が退屈してしまうのではないか」と不安だったのです。しかし「内向型人間」である彼には、集

中力という武器があります。確かに「外向型人間」は、人前でも生き生きと行動し、大きな声で堂々と話します。でも「内向型人間」はそんなふうに振る舞わなくても集中力で聴衆を引きつけることができるのです。場の雰囲気と話の内容と聴衆に意識を集中し、エネルギーをそこだけに注ぐことができるからです。ですからマニュエルがスピーチを成功させられるかどうかはエネルギーをしかるべきところに注げるかどうかにかかっています。「この内容をこの機会にこの聴衆に向けてどれだけ訴えられるか」。それが大事なポイントなのです。

　でも「内向型人間」は話の内容や聴衆ではなく自分自身に意識を集中してしまうとよいスピーチができません。不安にかられてしまうからです。ですからスピーチをするときに自分のことをとやかく考えては駄目です。特に話す声や身振り手振りを意識してはいけません。自分の身体は意識しなくても話している内容にふさわしい動きをし、言葉とともに多くのことを表現します。自分がこうしたいと思ってコントロールできるものではないのです！

ここぞというときだけ、身振り手振りをまじえる
　大げさな身振りや手振りをまじえて話す必要はありません。大事なのはここぞというときだけ身振りをまじえることです。声に抑揚をつけるのも同じです。極端に抑揚をつける必要はありません。ただ文章の頭から終わりまで明瞭に発音することを心がけましょう（聴衆が《聞きそびれた》というようなことがないように）。重要な箇所は次の文に移る前にひと呼吸置きましょう。また自分の意見が「疑問」に聞こえてしまわないよう気をつけましょう。無意識に言葉の語尾をあげて、つまり《問いかけるように》自分の意見や考えを述べる「内向型人間」が多くいます。たとえば「これが私の見解

です」ときっぱりと言うのではなく、「これが私の見解です？」とまるで周囲に同意でも求めているかのように頼りなげに言ってしまうのです。これでは「内向型人間」の集中力を結集してつくりあげたスピーチも台無しになってしまいます。

　集中力があると、気持ちを落ち着け、目の前のことだけに全エネルギーを注ぐことができます。さあ、あなたの集中力を活かしてスピーチを成功させましょう！

強み（10）：人の気持ちがわかる

聴衆の考えや気持ちをスピーチに反映させる
　もちろん大勢の前でスピーチをするときに一人一人の気持ちに添うことはできません。それでも「人の気持ちがわかる」という「内向型人間」の強みはスピーチに活かすことができます。人の気持ちを敏感に感じとる人は他人の見解を受け入れたり、要求を理解したりしようとします。その姿勢がスピーチにも自然と反映されるのです。ところが驚いたことに世間一般で「スピーチのプロ」（外向型人間）と呼ばれる人たちのほとんどが聴衆の要求を無視しています。成功基準（３）「聴衆の要求に応える」を満たしていないのです。

　では、人の気持ちがわかるとスピーチをするときにどういったメリットがあるのでしょうか？　送別会でザイフェルト氏に別れの辞を述べるマニュエルの例を見てみましょう。

　マニュエルは人の気持ちがよくわかるので……

・社員とザイフェルト氏の関係を考える：
社員はザイフェルト氏との別れを惜しんでいるので、スピーチではこの点を強調する。

・聴衆（社員）が今現在興味をもっていることがわかる：
聴衆は新部長である自分が人前でどう行動するかを見たがっているので、それを意識してスピーチをする。

・ザイフェルト氏の話をしながら自分自身に関することも聴衆に伝えられる：
ザイフェルト氏の彫刻に大変感動したことを話す。

・聴衆と一緒にスピーチをつくろうとする：
スピーチの最後にザイフェルト氏と仲のよい3人の同僚を壇上に呼び、彼らから氏に別れの言葉とともに部署からのプレゼントをわたしてもらう。

自由に話す

　マニュエルは私から受けた助言をきちんと守っていました。メモ書きだけをたよりに自由に話すこと（聴衆から目をそらし、ひたすら原稿を読みつづけないため）。聴衆を見て話すこと（聴衆の反応を知るため。場合によってスピーチを調整するため）。人の気持ちがわかる人は、まるで会話のように聴衆とコンタクトしながらスピーチをすることができます！

あなたへの質問

　あなたがスピーチに活かせる強みはどれですか？　強みの具体

な活かし方を箇条書きにしてください。

強み（1）：慎重である　□

強み（2）：本質的なものを見出す　□

強み（3）：集中力がある　□

強み（4）：人の話を聞くことができる　□

強み（5）：落ち着いている　□

強み（6）：優れた分析力をもつ　□

強み（7）：自立している ☐

_____

強み（8）：辛抱強い ☐

_____

強み（9）：書くことが（話すことより）得意 ☐

_____

強み（10）：人の気持ちがわかる ☐

_____

その他の強み：_____ ☐

_____

その他の強み：_____ ☐

_____

スピーチで苦手なことを克服する

スピーチを妨げる「内向型人間」の弱み

　これで「内向型人間」にもスピーチに活かせる強みがあることが

わかりました。では、なぜ「内向型人間」の多くはスピーチが嫌いなのでしょうか？ スピーチがうまくできないのでしょうか？「『内向型人間』は大勢と話すより2人きりで話すほうが好きだから」というのは理由になりません。もしそうなら「聴衆全員を魅了できるスピーチのプロは2人きりで話すのが嫌いだ」ということになるからです。これはおかしいですよね。

「内向型人間」がスピーチを嫌う理由は彼らの弱みと関係しています。次にスピーチの妨げになる「内向型人間」の弱みをまとめました。

弱み（1）：不安をかかえやすい

緊張する

不安をかかえてスピーチをするといろいろな問題が出てきます。緊張も不安の一種です。私たちは緊張すると、スピーチをする前、場合によってはスピーチをしている間も心の落ち着きを失ってしまいます。専門家によると100人のうち75人は人前で話すときに緊張すると言います。この数字を見る限り、緊張するのは「内向型人間」だけではないことがわかります。また緊張するかしないかは、本人の経験や職種とも関係していません。経験豊富な俳優や音楽家や大学教授といえども人前で話をするときは緊張するからです。緊張は自然な身体的反応です。ですから緊張が起こる仕組みを知れば知るほど、「いきなり緊張感に襲われる」ことは少なくなります。緊張感をコントロールすることができるようになるのです。

緊張感とは人前に出るときなどに現れる適度な不安のことです。無駄なものではありません。緊張すると体内にアドレナリンという

ホルモンが大量に分泌されます。すると目が覚め、頭がさえてきます。いったん身体がこのような反応を示すと、疲れていたり、うわの空でいたりすることが生物学的に不可能になるのです。

緊張感：体内でどう生じ、どんな作用を及ぼすか

・緊張感とはある種のストレス反応です。ストレス反応とは脳が危険を察知し、身体がそれに対して適切に反応することです。この反応は察知した危険がどう猛な犬であろうと大勢の聴衆であろうと変わりません。

・ストレス反応は、脳が刺激を受けて交感神経を興奮させることによって起こります。自律神経系の1つである交感神経は身体活動を促進する役目を担っています。「闘争と逃走の神経」とも呼ばれ、たとえば危機的状況下やストレス状況下で大いに活性化します。

・交感神経は脳から刺激を受けると、副腎髄質からアドレナリン、副腎皮質からコルチゾールと呼ばれるストレスホルモンを分泌させます。

・体内にストレスホルモンが分泌されると身体はストレス状況を乗り越えるために必要な反応（たとえば攻撃、逃走、筋肉の硬直）しかしなくなります。犬に襲われるなどの緊急時は特にそうです。

・またストレスホルモンには他の作用もあります。人によって違いはありますが、心拍数や呼吸数を増やしたり、血流を変化させたり（赤面、顔面蒼白）、筋肉を硬直させたり、手足の震えや神経系の症状（まぶたの痙攣、多汗、頭痛、めまい）を引き起こしたり、消化を妨げたり（吐き気、膨満感、胸やけ、下痢、頻尿）します。

人前に出る不安を克服する

　体内の他の物質同様、ストレスホルモンも増えすぎれば問題を引き起こします。ただの緊張感だったものがスピーチ恐怖症になったら大変です。人前で話すことを真剣に恐がるようになってしまうからです。大勢の聴衆を目の前にすると頭が真っ白になり、自分は何を言いたいのか、何ができるのかがわからなくなってしまうのです。強い精神的ストレスのせいで、呼吸が浅くなり、血液が四肢に偏ってしまうと（脳に行かずに！）、集中力がなくなり、最悪の場合はパニック状態に陥る可能性もあります。そんな状態では、聴衆の要求や反応に気を配り、堂々と話をすることなどとても無理です。スピーチを成功させるなど、夢のまた夢でしょう。

　では、どうすれば不安（緊張、スピーチ恐怖症）を克服することができるのでしょうか？　ストレスホルモンによる身体的作用を見れば、不安は意志の強さや自制心をもつだけでは克服できないことがわかります。頭痛や赤面や吐き気を自分の意志だけで抑えることは難しいのです。

不安軽減法（1）：定期的に人前で話をする

習慣化すると落ち着いて話せるようになる

　自分の意志だけで不安を抑えることはできないとはいえ、できることはあります。不安を軽減する方法を3つ挙げましょう。1つ目は「習慣化」です。定期的に人前で話す練習をしましょう。友達や信頼できる同僚の前でスピーチの予行演習をするのです。実践を繰り返していけば、あなたの脳内の不安中枢が「人前で問題なく話ができる」ことを学んでいきます。すると人前で話すことに対する不安、不安のせいで引き起こされる身体的症状も軽減されます。それ

は脳がこれまで危険とみなしていたものを習慣とみなすようになるからです。これは「脱感作（desensitization）」と呼ばれる現象です。つまり、誰でも経験を積めば人前で落ち着いて話ができるようになるということです。苦手意識が消えてしまうことはないかもしれませんが、次第に小さくなることは確かです。不安が効力を失っていくのです。

トーストマスターズクラブ

スピーチの練習をするためのよい方法があります。トーストマスターズクラブの会員になるのです。このクラブ（ドイツ語、英語（訳注：日本語もある））の目的は会員のスピーチ能力を高め、キャリアを後押しすることです。会費も手頃です。トーストマスターズでは、会員はまずピアーコーチングと呼ばれる方法（他の会員に自分のスピーチを評価させる）でスピーチの練習をします。それと並行して他の会員のスピーチを評価したり、即興でスピーチをしたり、会議のアレンジをしたり、普段とは違う場所でスピーチをしたりしてトレーニングを積みます。トーストマスターズクラブは世界中にあります。

ただし、スピーチ恐怖症のような強い不安を感じる人は心理療法の知識をもつトレーナーのもとで「脱感作」することをおすすめします。

不安軽減法（2）：不安をコントロールする

2つ目の方法は「意識すること」です。無意識にひそむ不安は、意識の力でコントロールできます。（第1部、第3章「内向型人間」の「弱み」—心の要求についてを参照）。

不安をなくしたいなら、こう考えよう：準備は万全！

まず、準備は万全だと意識することから始めましょう。特に「準備は万全」と声に出せば、不安を軽減することができます。もちろんそれがうまくいくのは本当に準備が万全なときだけです。「内向型人間」はストレスをかかえると忘れっぽくなります。ですがこういった自己暗示法には短期記憶力を正常に働かせる効果があります。また気持ちに余裕をもたせる効果もあるので、予期しないことが起こってもうまく対処できるようになります。

不安をなくしたいなら、さらにこう考えよう：何が何でもこの内容を聴衆に伝えたい！

次は、「志の高さ」を意識しましょう。自分のことは考えずに、高い目標だけを見すえるのです。「たとえどんなことがあろうともこの内容を聴衆に伝えたい」と強く思うことです。この方法は、思考をつかさどる大脳皮質の活動が活発な「内向型人間」に特に効果があります。大脳皮質が不安中枢の活動を抑制するからです。あなたも試してみてください。きっといい結果が得られるはずです。

不安軽減法（3）：身体の状態に気をつける

ブラックアウト

私のクライアントの多くが「ブラックアウト」という最悪の経験をしています。「ブラックアウト」とは、突如、糸が切れたみたいに「言いたかったこと」を忘れてしまうことです。ですが私たちはそんな状態でも「すでに言ったこと」は覚えています。ですから「ブラックアウト」に陥ったら「すでに言ったこと」を手がかりに話を続ければいいのです。大事なことを繰り返したり、それらをよりわかりやすくまとめたりしましょう。

深呼吸する

　ブラックアウトに陥ったら、まず深呼吸しましょう。軌道修正するのはそれからです。大きく息を吸い、ゆっくりと吐き出しましょう。なぜ深呼吸が必要なのかは簡単に説明できます。ブラックアウトはストレスを感じている人の体内でアドレナリンが過剰に分泌され、脳への酸素（血液）供給がとどこおることで起こるものだからです。私たちはストレスをかかえると浅い呼吸を繰り返したり、肩だけで呼吸したりするようになります。そしてアドレナリン以外のストレスホルモンの分泌がこの状態に拍車をかけると決定的に酸素が足りなくなり、ブラックアウトに陥るというわけです！

　ブラックアウトになったら真っ先にしなくてはならないことは、深呼吸し、呼吸をもとの状態に戻すことです。ゆっくりとお腹の底まで息を吸いこむ気持ちで深く呼吸（厳密に言えば、腹式呼吸）してください。すると酸素供給できるだけでなく、声も力強くなり、気持ちも落ち着いてきます。身体全体がリラックスしてくると頭もさえてきます。世界中の瞑想家がなぜ呼吸を大事にするのかが、これでわかったでしょう！

　本番前と話す直前に深呼吸をすると効果は絶大です。まずは会場でひとりになれる場所（トイレでもいい）を見つけてそこで深呼吸しましょう！　エネルギーを充電し、気持ちを落ち着ける（強み（5））のです。すると聴衆の前で堂々と話すことができます。

堂々と振る舞う

　身体と心はつながっています。ですから気持ちを変えれば身体も変わります（たとえば不安軽減法（2））。反対に、身体を変化させれば気持ちも変わります。だから深呼吸して気持ちを落ち着かせた

り、「あたかもできる人間であるかのように」行動して不安を取り除いたりすることもできるのです。ですから、みなさん、スピーチが得意な人のように堂々と振る舞いましょう。足は肩幅に開き、重心を整え、真っ直ぐに立つ。背筋を伸ばし、顎を引く。これだけであなたの脳は別の反応を始めます。「自分はこんなにも堂々と振る舞える優秀な人間なのだ」と「信じる」ようになるのです。だまされたと思って一度試してみてください。すると聴衆はあなたのことを優秀な人間と見なすでしょう。なぜならそうとしか見えないからです！

　スピーチが得意な人のように行動すれば、最初は恥ずかしくて顔が赤くなるかもしれませんがそれでも構いません。心理学者のダッハー・ケルトナーの話（2009年）によると、人間は顔を赤らめて戸惑っている人に共感を抱くものなのだそうです。その理由は、相手の戸惑いを誠実さの表れと見なすからです。真剣に人と向き合っている証拠だと受けとめるのです！

弱み（2）：細かいことにこだわる

詳細を話しすぎると聴衆は退屈する

　スピーチで詳細を話しすぎるのは、不安があるからです（弱み（1））。自分がよく知っていることを細かく説明すると、とりあえず話ができているように感じられて安心できるからです。マニュエルも最初は送別会のスピーチでザイフェルト氏のキャリアについて話そうと思っていました。「最初から最後まで」キャリアの話でスピーチを埋めようと考えたのです。ですがそれはやめました。そんなスピーチをしたら、たとえ内容が正しくても、聴衆は退屈し、何の感銘も受けないと予測できたからです。

詳細を話しすぎる人は専門家の集まりでもよく見られます。私のクライアントの中にも人前に立つと必要以上に詳細を語りたがる人がいます。詳細を並べれば、とりあえず話の筋はとおるでしょう。ですが詳細ばかりで要点がはっきりしないスピーチは聴衆の心をとらえることはできません。次の点に注意すれば、適度に詳細を述べながらも要点を明確にするバランスのとれたスピーチをすることができます。

1　全体の構成をくずさないようにする。
　話を決して脱線させないこと！

2　内容は一番伝えたいメッセージに合わせる。
　実例や詳細やエピソードを語りたいと思ったらまず「これを語ることで自分が一番伝えたいメッセージを明確にできるか？」と考えることです。「メッセージを明確にするきっかけになるか？」、「メッセージを具体化できるか？」、「メッセージを補足できるか？」と考えてもいいでしょう（前述のスピーチの成功基準（２）も参照のこと！）。

3　補足情報を用意しておく。
　学者や専門家は、人前で何かを発表するとき、補足データや資料をあらかじめ用意しておきます。これはスピーチにも活かせます。プロジェクターに映せる表やグラフ、自分用に補足情報をまとめたノートなどを用意しておくのです。そうすればスピーチの後に聴衆から質問を受けてもすぐに答えることができます。聴衆自身もあとで調べる手間がはぶけます！

弱み（5）：嫌なことから逃げる

スピーチの準備が嫌なら
「内向型人間」の多くはストレスをかかえると逃げ腰になります。スピーチを任されたら、現実逃避するかのように、できる限りスピーチの準備を後回しにしようとします。これは間違いです！　本番直前にあわてて準備をすることになるので余計にストレスになるだけだからです。

準備は分けて行う
　本番直前になってあわてないための方法があります。簡単です。スピーチを任されたらすぐに準備を始めればいいのです。まずはやるべきことを細かく分け、どれをいつやるか計画を立てましょう。少しずつ準備していけばストレスになることはありません。精神的にも落ち着いていられるのでスピーチもうまくいきます。

　また「内向型人間」の中にはスピーチの本番で現実逃避しようとする人がいます。聴衆の反応や要求には一切気を配らずに原稿だけを見てひたすら話をするのです（スピーチの全文を書き出した原稿を目の前に置いてしまったら見たくなるのも当然です！）。原稿を読めばブラックアウトになることはありませんが、その代わり、声に抑揚をつけ、自然な口調で話をすることができなくなります。

要点を箇条書きにする
　要点だけを箇条書きにしたものをときどき見ながら話すことにしましょう。全文を書き出した原稿を目の前に置いて話してはいけません！　スピーチは会話のようなもの。言葉の選び方や発音や文章の構造に間違いがあって当然なのです。大事なことはきれいな言葉

で話すことではなく、聴衆とのコミュニケーションです。聴衆はスピーチを聞きながらあなたの言葉の間違いを頭の中で勝手に修正しています。間違いがあるからこそ脳を働かせ話に耳を傾けます。そんなふうにして話し手とコミュニケーションしているのです。このコミュニケーションがないと聴衆は話に興味がもてません。買い物のことや休暇旅行のことを考えはじめてしまいます……。

さあ、ここまで読んだあなたはスピーチの妨げになる自分自身の弱みに気づけたでしょうか？　次の質問に答えていけば、自分の弱みのせいで起こるおそれのある問題とその具体的な対処法について考えることができます。

あなたへの質問

スピーチの妨げになると考えられるあなたの弱みはどれですか？ 起こりうる問題とその対処法を一言で表現してください。

弱み（1）：不安をかかえやすい　☐

起こりうる問題：

対処法：

弱み（2）：細かいことにこだわる　☐

起こりうる問題：

対処法：

弱み（3）：繊細すぎる　☐

起こりうる問題：

対処法：

弱み（4）：受け身になる　☐

起こりうる問題：

対処法：

弱み（5）：嫌なことから逃げる ☐

起こりうる問題：＿＿＿＿＿＿＿＿＿＿＿＿＿＿＿＿＿＿＿＿＿

対処法：＿＿＿＿＿＿＿＿＿＿＿＿＿＿＿＿＿＿＿＿＿＿＿＿

＿＿＿＿＿＿＿＿＿＿＿＿＿＿＿＿＿＿＿＿＿＿＿＿＿＿＿＿＿

＿＿＿＿＿＿＿＿＿＿＿＿＿＿＿＿＿＿＿＿＿＿＿＿＿＿＿＿＿

弱み（6）：頭でっかち ☐

起こりうる問題：＿＿＿＿＿＿＿＿＿＿＿＿＿＿＿＿＿＿＿＿＿

対処法：＿＿＿＿＿＿＿＿＿＿＿＿＿＿＿＿＿＿＿＿＿＿＿＿

＿＿＿＿＿＿＿＿＿＿＿＿＿＿＿＿＿＿＿＿＿＿＿＿＿＿＿＿＿

＿＿＿＿＿＿＿＿＿＿＿＿＿＿＿＿＿＿＿＿＿＿＿＿＿＿＿＿＿

弱み（7）：自己否定する ☐

起こりうる問題：＿＿＿＿＿＿＿＿＿＿＿＿＿＿＿＿＿＿＿＿＿

対処法：＿＿＿＿＿＿＿＿＿＿＿＿＿＿＿＿＿＿＿＿＿＿＿＿

＿＿＿＿＿＿＿＿＿＿＿＿＿＿＿＿＿＿＿＿＿＿＿＿＿＿＿＿＿

弱み（8）：柔軟性に欠ける　☐

起こりうる問題：

対処法：

弱み（9）：人付き合いを避ける　☐

起こりうる問題：

対処法：

弱み（10）：争うのがこわい　☐

起こりうる問題：

対処法：

CHAPTER 8

　マニュエルはザイフェルト氏の送別会でスピーチを成功させることができました。聴衆は社員思いの新部長に共感を覚え、主役のザイフェルト氏は心温まるスピーチと聴衆の拍手喝さいに大変感動し、改めて自分自身のことを誇りに思えたのでした。

　最後に一言：スピーチを終えても、拍手が続いている間は舞台を去らないでください。拍手は聴衆の感謝の気持ちです。最後まで受けとめてください！

まとめ

・「内向型人間」はスピーチが苦手です。でもスピーチは練習すれば（人前で話す機会を増やせば）誰でも上手にできるようになります。

・「自分らしさを見せる」、「明確なメッセージを伝える」、「聴衆の要求に応える」。この３つの成功基準を満たせばスピーチは成功します。

・３つの成功基準を満たすこと、話の構成をしっかり考えること。この２つに照準を合わせてスピーチの準備をすると、リラックスして本番を迎えることができます。

・「内向型人間」も「外向型人間」と同じように、自分の強みを活かせばスピーチを成功させることができます。強みを発揮すれば弱みを克服することもできます。まずは自分の強みと弱みを自覚することが大切です。

・スピーチに活かせる「内向型人間」の強みは「本質的なものを見出す」、「集中力がある」、「人の気持ちがわかる」の３つです。

・スピーチの妨げになる「内向型人間」の弱みは「不安をかかえやすい」、「細かいことにこだわる」、「嫌なことから逃げる」の３つです。

第9章 会議

　企業向けのITコンサルタントであるパウルの主な仕事は、システム設定やソフトウェアのインストールの際に起こる問題を解決することです。これまでパウルは顧客から要請があるとシニアコンサルタントである上司とともに企業を訪ね、現場のIT担当者と共同で仕事をしていました。ところが今週は上司が病欠したために、ITプロジェクトを進める得意先企業での会議の進行役をひとりで引き受けることになってしまったのです。会議を延期することは無理でした。なぜならプロジェクトのスケジュールがタイトなために早急に仕事を各担当者に振り分ける必要があるからです。会議には代表取締役の他、複数のマネージャー、予算管理者、IT担当者らが参加します。

　パウルは困ってしまいました。会議の参加者は弁の立つ人ばかりです。「あんな人たちの意見をひとりでどうやって取りまとめろというのか？　会議の進行役なんて僕には向いていない。だって僕はそもそも技術者なんだから……」と思いました。実は会議の参加者の中にはもうひとり、パウルと同じように悩んでいる人がいました。企業側のIT担当者であるザビーネです。彼女はプロジェクトのある分野の仕事を一任されていましたが、それは予算的にもボリューム的にも彼女のキャパシティーを超えていました。担当分野の仕事をこなすためにはもうひとり人材が必要です。でも代表取締役などの上層部が集まる厳かな会議でそれをどう切り出すべきか、わからずにいたのです。

繊細すぎて議論できない

　パウルやザビーネのような「内向型人間」にとって会議やミーティングは試練です。人前で話すことに慣れている「外向型人間」が多く出席する会議ならなおさらです。「内向型人間」の多くは繊細すぎます（弱み（3））。だから会議やミーティングでも周囲の反応を気にしすぎて自分をうまく表現できません。自分は誰からも相手にされないと思いこんでいます。「内向型」のあるクライアントは、ある日、私にこう言いました。「会議に参加すると自分は透明人間なのではないかと感じることがよくあります。先週の会議では決定的にそう感じました。私はその会議で意を決して自分の意見を話したのです。でも誰もよい反応を示してはくれませんでした。ところがそのすぐあとに別の同僚が私とほとんど同じ意見を述べました。すると参加者一同『それはすばらしい』と言いはじめたのです。私は悪夢でも見ているのではないかと思いました！」と。

成果が見えない

「内向型人間」は会議やミーティングで言いたいことがあまり言えません。自分がもつアイデアや能力を目に見える形で示すことがうまくできないのです。ですが、これは「内向型人間」がかかえる問題の一部にすぎません。本当に問題なのは、前述のクライアントも話したように、アイデアを他の人に「盗まれ」、手柄を奪われたり、自分からあまり話さないことを理由に上司から「チームワークができない人間」と見なされたりすることなのです（第2部、第5章チームの中の「内向型人間」を参照）。これはキャリアを積みたい「内向型人間」にとって致命的です。

　では「内向型人間」はどうすれば「個性の強い人が意見を言い合うような会議」で注目され、話を聞いてもらえるようになるのでし

ょうか？　実力を発揮できるのでしょうか？　これが本章のテーマです。

会議の6つの法則

認めさせる、堂々と振る舞う、説得する

　話し合いや会議には6つの法則があります。私たちはそれらの法則を知れば知るほど、会議で大事とされる3つのこと、「認めさせる」、「堂々と振る舞う」、「説得する」を実現しやすくなります。また法則の基礎にあるものを知ると、「内向型」の強みを活かしたり、弱みのせいで起こる問題を回避したりすることもできるようになります。

会議の法則（1）：
自分の意見をきちんと言う人だけが認められる

「内向型人間」の意見も大切

　会議中に能力を認められ、ポジティブに受けとめられたければ、きちんと自分の意見を言うことです。「たくさん意見を言いなさい」と言っているのではありません。「会議に少なくとも貢献しなさい」と言っているのです。発言はあまりしないけれど、ここぞというときに重要な発言をし、みんなから注目される「内向型人間」。そういう人を私は何人も知っています。

　自分の意見をきちんと言い、みんなから認められたければ強み（2）：「本質的なものを見出す」を活かすことです。「内向型人間」はよく考えてからでないと発言しません。つまり、考えつくされたことしか口にしません。意味のない長話や自慢話もしません。それ

は「内向型人間」が自分のことよりも内容の質を重視して発言するからです。だから会議で何かを決定するときは「内向型人間」の意見を聞くことが大事になるのです。質の高い決定ができるからです。「内向型人間」は「本質的なものを見出す」という強みと合わせて「人の話を聞くことができる」、「集中力がある」、「優れた分析力をもつ」という強みも活かせばよりいい発言をすることができます。ですから「内向型人間」のみなさん、どうか自分の強みを活かしつくしてください！

不安がブレーキになる
「内向型人間」の「不安をかかえやすい」という弱み（1）はきちんと意見を述べようとするときに邪魔になります。会議で意見を述べることはスピーチとあまり変わりません。ですから会議でもスピーチの場合同様、「不安」が弱点になります。不安の対処法については第8章「スピーチで苦手なことを克服する」「弱み（1）：不安をかかえやすい」を参考にしてください。

「内向型人間」は特に新しいアイデアを提案しなければならないときに不安になります。不安をかかえると「繊細すぎる」、「受け身になる」という弱み（3）（4）にもスイッチが入ります。ですからブレインストーミング会議のようなアイデアを出し合う場では強み（9）：「書くことが得意」を活かすべきです。1枚の紙に自分のアイデアをすべて書き出しておきましょう。すると「猛スピードで進行する」会議でも落ち着いて自分の意見を言うことができます。

会議の法則（2）：耳を傾けてもらうことが何よりも大事

自分が一番伝えたいことを伝える

　何かを話しても、耳を傾けてくれる人がいなければ意味がありません。「内向型人間」は「細かいことにこだわる」という弱み（2）をかかえています。この弱みのせいで詳細を述べすぎて話を脱線させてしまうことがあります。こうなると誰もあなたの話を真剣に聞いてはくれません。

　だから会議で発言をするときも詳細を述べすぎないようにしましょう。詳細を述べても会議の参加者をイライラさせるだけです。特に「外向型人間」はせっかちなので、くどくど説明されるとすぐに退屈してしまいます。そうならないためには「自分が一番伝えたいこと」だけを口にすることです。スピーチと同じです。またわかりやすい言葉を選び、内容を簡潔にまとめることも大事です。

話し方に気をつける

　会議の他の参加者から耳を傾けてもらえるかどうかは話し方にもよります。内容がどんなにすばらしくても、ぼそぼそと話していては真剣に聞いてはもらえません。小さい声で話したり、だらだらと話したり、早口で話したりするとそれだけで発言は台無しになってしまいます。声に抑揚をつけましょう。どんな文章の中にも内容的に大事な部分があります。そこを強く言うのです。また文の最後にくる言葉は低いトーンで発音しましょう。すると一文、一文の意味がより明確になります。みんながよく聞き取れる声の大きさを意識して話すことも大事です。不安なら、会議の前に一度親しい同僚に自分の話し方をチェックしてもらいましょう。早口すぎる、またはゆっくり話しすぎているかもしれません。

アイコンタクトを大事にする

　自分の話に耳を傾けてもらいたければアイコンタクトを大事にしましょう。聞き手、特に会議では大事なポジションについている人の目を見て話すようにしましょう。納得させやすくなります。「内向型人間」は大勢の人と話すより1対1で話す方が好きです。そこを反対に利用するのです。会議で話すときも一人一人の目を見て話すようにしましょう。1対1で話をしているような気分になれるでしょう。自信をもって話ができるだけでなく、聞き手の心に訴えかけ、納得させることができます。みんながあなたに注目します。そうすればアイデアを他の同僚に奪われたりはしないはずです！

会議の法則（3）：議論を成立させたいなら参加者の上下関係を重視すること！

　自分の地位や立場にあまり興味がない人（多くの「内向型人間」、特に女性の「内向型人間」）にとってこれはやっかいな法則かもしれません。しかし、事実です。会議では参加者全員が各人の上下関係を把握して、はじめて内容の濃い議論ができます。ビジネスコーチのマリオン・クナトスも著書『権力を操れ』（訳注：邦訳なし）の中で「議論を成立させたいなら内容よりも上下関係を重視することだ！」と述べています。参加者の上下関係は各人の発言時間を見るとよくわかります。たとえば、立場が上の人は下の人より長く話します。それどころか話を脱線させても非難されることはありません。一方、立場の低い人は発言を簡潔にまとめなくてはなりません。そうしないと話をさえぎられたり、何の反応も得られなかったりします。

話す時間を自分で管理する

「人付き合いを避ける」という弱み（9）をかかえる「内向型人間」は特に「邪魔する人」を嫌います。会議で「邪魔する人」の多くは「権力争い（地位争い）の好きな人」です。こういう人とあまり関わりたくなければ、発言時間を、自分と同等の地位にある人に合わせることです。短い発言をするほうが安心できるという人は発言の回数を増やして話す量を同等の地位にある人に合わせましょう。発言する際に大事なことは会議の参加者の中で一番地位が上の人、つまり「最上位の人」を納得させることです。「最上位の人」とは、参加者全員が常に「話を聞いてもらえているか」、「どういう反応をしているか」と気にかけている人のことです。「最上位の人」に耳を傾けてもらえれば、誰もあなたの発言を邪魔したりはしません。

自信のある態度を取る

会議では自信のある態度を取りましょう。会議室に入ったら（わざとらしくない程度に）堂々と席に着く。椅子に深く腰かける。頭の後ろで腕を組んだり、肘をついたりしない。背筋を伸ばす。視線をそらしたり、うつむいたりといった弱気な態度は取らない。必要な動作しかしない。貧乏ゆすりをしたり、物をいじりまわしたりしないこと！　発言を求められたら落ち着いた口調で話す（強み（5））。ただし最初から最後まで同じ調子ではきはきと話す。深呼吸しながら、どんな嫌なことにも耐える（強み（8））。早口で話したり、イライラした態度を見せたりしないこと（焦るとあなたの評価が下がります）！　要するに「私は他人への配慮があり、協力的で自分がすべきことをわきまえています」という態度を取ればいいのです！

会議の法則（4）：いつも公平とは限らない！

自分勝手に振る舞う人がいたら

　ものごとにはルールがあり、人間はルールにしたがおうとします。会議でも同じです。しかし、常にそうとは限りません。会議では公平な議論がなされるときもあれば、そうでないときもあります。たとえば他人の発言を邪魔したり、攻撃したりすることで自分の意見を押しとおす人がいます。ルールを破って成果をあげる（注目され、高い地位を得られる）人がいるのです。「内向型人間」はこういった不公平なことが嫌いです。それなのに不公平なことに対処できずに不利な立場に立たされてしまうことがよくあるのです。特に「争うのがこわい」という弱み（10）が顕著な人ほどそうです。

　次に、会議でよく見られる5つのルール違反と「即効性のある」対処法をまとめました。

ルール違反の対処法
ルール違反（1）：あなたが発言している最中に他の人が話しはじめる。

対処法：自分と同等、もしくは下の地位にある人がそのような行動に出たら、「辛抱強い」という強み（8）を発揮して発言を続けてください！　はっきりと「すみません。まず私に最後まで話をさせてください」と言いましょう。

　自分より地位が上の人（たとえば上司）がそのような行動に出たらそこで発言をやめ、相手の目を見てうなずきながら話に耳を傾けましょう。ただし、相手の意見を最後まで聞いてから発言するのは

かまいません。

ルール違反（2）：あなたが言った意見を同僚が「要するにAが言いたいのは……ということなのです」と簡単にまとめてしまう。

対処法：同僚は明らかにあなたのことを「権力争い」の対象と見ています。あなたの意見を簡略化し、小さく見せることで自分の優位性を示そうとしているのです。

こういうことを言われたら黙っていてはいけません。「Bさん、ありがとうございます。でも私が言いたいのは……」と同僚の発言を訂正しましょう。

ルール違反（3）：同僚があなたの提案の保留をすすめる。例：「プロジェクトの一部の仕事を外注すべき」というあなたの提案が成立しかけていたのに、同僚が「それはもっと情報を集め、効果を確認してからにすべきだ……」と言い出す。

対処法：提案は出されてからすぐに何らかの形で実行されないと効力を失い、いずれ「消えて」しまいます。そうなると提案をしたあなたではなく、提案の保留をすすめた同僚が会社のことを真剣に考える熱心な社員として認められることになります。

そうならないためには提案が考え抜かれたものであること、効果は確認済みであることなどを会議の参加者全員に伝えなくてはなりません。たとえば「おっしゃるとおり外注すべきかどうかはいろいろな観点から確認すべきだと思います。ですから担当者全員で先週この点についてじっくりと議論しました。その上で外注すべきとの答えが出たのです。今日の会議はイエスかノーかを決断するために

開かれたもののはずです。外注は今しないと意味がありません。そうでないと期限内にプロジェクトが完了せずに追加の費用が発生するおそれがあるからです。これは外注より高くつきます！　この意見に異論のある方はどうぞおっしゃってください」と言いましょう。

ルール違反（４）：あなたの提案に賛成していた同僚がいきなり会議で反対意見を述べはじめる。

対処法：同僚があなたの提案に賛成していたと言っても２人だけの口約束だったのなら、会議の場でそのことについては触れられません。会議が終わってから同僚になぜ急に態度を変えた（考え方を変えた）のか聞いてみることです。

　一方、同僚が公の場であなたの提案に一度賛成していたのなら、会議の場でそのことに触れるべきです。たとえば「部署ミーティングでは全員一致で……に賛成したはずです。どうして急に反対するようになったのですか？」とすぐに質問してみましょう。

ルール違反（５）：同僚が会議の席であなたをけなす。たとえば「こんな数字は意味がない！」と吐き捨てるように言う。

対処法：まず深呼吸しましょう。これは明らかな「宣戦布告」です。そんなふうにけなされたら「こんな数字は意味がない、と今おっしゃいましたが、それはどの数字のことですか？」と具体的な説明を求めましょう。

　どう対処していいかわからないけなし方の場合は「Ａさん、それについてはあとでお話ししましょう！」と会議の参加者の前で不快感を示しましょう。

会議の法則（5）：
横のつながりをつくれば、いい結果を出せる

会議の前に準備する

　会議では多くの人間が決定に関わります。私はある委員会の役員を数年務めたことがありますが、そのときに、重要な議論のほとんどは会議開催前にほぼ決着がついていると気づきました。会議で特に重要な決定権をもつ人たちは（最初は意見が食い違っていようと）事前に話し合いをし、意見をすり合わせます。そして会議での戦略を練ったり、提案事項の詳細をつめたりします。そうやって自分たちの要望を会議でとおりやすくするのです。

あらかじめ重要人物と話をしておく

　ここでパウルの例に話を戻しましょう。パウルから相談を受けた私はまず、特に重要な決定権をもつ会議参加者一人一人と事前に話をするよう助言しました。それは各人の要望を聞き、それらがかなえられるような解決策を見出すためです。「内向型人間」のパウルは1対1で話すことが好きなので、私が与えたこの課題を快く受け入れました。そして慎重に行動し（強み（1））、自分の利益よりも各人の気持ちを尊重し（強み（10））、一人一人の話に耳を傾け（強み（4））、解決策を見出すことができました。それを代表取締役にも事前に報告しておきました。まとまった情報を入手し、議論の方向性を理解した取締役は、これでリラックスして会議に参加できます（縦のつながりも大事！）。こうなるとパウルにとってもうこわいものはありません。

　会議前にいわゆる「横のつながり」をつくっておくと、議論の重要なポイントを予測したり、普段なら会議を始めてからでないと知ることのできない情報や意見を事前に把握したりできます。会議中

にいきなり難しい質問をされて動揺することもなくなります。つまり、会議の全体像を前もって把握し、安全を確保することができるのです。

会議の法則（6）：
決定事項とそれを実行に移すことは別のこと

うまく実行に移せないなら

　役員会や委員会での私の経験から言うと、会議の決定事項は必ず実行に移されるわけではありません。あとになって「このほうがいい」と言われることもあります。そうなるといったい何が起こるのでしょうか？

「このほうがいい」というようなことは人選ではあまり起こりません。会議で選ばれた人を代えることはほとんどありません。しかし業務に関する決定の場合、あとで変更されることはよくあります。理由は、簡単に決定しすぎたから、欠席者の多い会議で決定したから、会議に出席していなかった幹部が結果の出ないことに業を煮やし「変更しろ」と言ったから、などいろいろです。

　特に「内向型人間」は「人付き合いを避ける」、「争うのがこわい」という弱み（9）（10）をかかえているので、決定事項は必ず実行に移されるものだと信じ、自分からは何もしようとはしません。そしてある日、急に変更が言い渡され、取り乱してしまうのです。ですから自分にとって大事なことが決定されたらまず、「この決定事項が確実に実行されるためには自分は何をすべきか」と自問することです。

決定に関する文書を保管する

　あなたには「辛抱強い」という強み（8）があります。だから大事だと思うことには「とことんこだわれる」はずです。決定事項の実施を受けもつ同僚とは頻繁にコミュニケーションしましょう。「大丈夫ですか？」、「うまくいっていますか？」、「問題はないですか？」と常に確認することです。また、決定事項の実施を確実にしたければ決定に関する文書を大事に保管することです。書面での決定は口頭での決定より確実です。あとで「そんな決定はしていない！」と誰かから言われたときに証拠として提示することができるからです。証拠になる文書は、議論の内容が書かれたホワイトボード、会議参加者とのEメールでのやりとり、議事録などいろいろあります。特に「誰が、何を、いつまでに」の3点が示されているものは重要な証拠になります。

　幹部が決定事項を変更しないように対策を講じることもできます。会議の法則（5）でも説明したとおり、幹部とコミュニケーションをはかり、「縦のつながり」をつくるのです！

あなたへの3つの質問

会議で苦手なことは何ですか？

そのためにどういった問題をかかえていますか？

_____

_____

_____

今後、変えていきたいことは何ですか？

_____

_____

_____

議論をまとめる：上級者のための会議のすすめ

　パウルは会議の進行役を任されました。次に紹介するのは、こういった大役をうまく果たす方法、特に「落ち着いている」という「内向型人間」の強み（5）を活かして会議をまとめる方法です。

時間設定

　会議のまとめ役を任されたら、まず「早すぎず、かつ遅すぎない時間に会議を開く」、「複数の会議を開く場合は1日につめこみすぎない」といったことに気をつけて時間設定をしましょう。会議参加者が議論内容、もしくは決定事項の具体的な実施について吟味できるよう、会議と会議の間に十分な空き時間（空き日）を設けること

も大事です。

内容設定
　事前に準備をすればするほど会議はうまくまとめられます。次のリストを参考にして会議の前に準備すべきことを確認してください。このリストはどんな会議にも利用できます。

会議の準備：確認リスト

1　時間：いつ開くか？　どれくらい時間がかかるか？
2　場所：どこで開くか？
3　会議の目的は何か？
4　議論のポイントは？
5　各ポイントを議論する順序は？
6　各ポイントの議論の時間配分は？
7　時間が足りない場合、どのポイントをはぶくか？
8　誰が会議に参加するか？　どの会議に誰が参加するか？
9　各会議で決定権をもつ人（責任者）は誰か？
10　誰にどの資料の作成を依頼するか？　いつ依頼するか？　資料作成の期限は？
11　議事録はどう記す？　誰が記すか？
12　準備すべき機材は何か？
13　誰が、いつまでにどういった議事日程を作成し、各参加者に配布するか？
14　すべての資料を誰がまとめ、管理するか？（事前に配布が必要な場合）誰がそれを会議参加者へ送付するか？
15　会場の準備（会場の予約とセッティング、機材のレンタル、名札の準備、食事と飲み物の注文）は誰が担当するか？

議論

「内向型人間」の多くは議論が苦手です。ですが、次の段階を踏んでいけば優れた分析力（強み（6））を活かして議論をうまくまとめることができます。

議論の各段階

1　**導入の段階**：参加者へ挨拶し、議事日程と会議の概要（会議の時間割、主要なテーマ、特別な参加者……）を説明する。

2　**議論の３つの段階**：議論の中には３つの段階があります。議題が複数ある場合は議題ごとにこれを繰り返してください！

・情報公開の段階：会議の進行役、もしくは他の担当者が議題を提示する。

・吟味の段階：議題について論じ合う（質疑応答、データや論拠の提示）。

・結果を出す段階：議論の内容をまとめ、決定事項を明らかにする。決定事項を実施する際の責任者を決め、仕事を振り分ける（誰がいつまでに何をするか？）。議論がまとまらない場合は決定を先延ばしにし、今後の対策について話し合う。

3　**締めの段階**：決定事項を再確認し、その長所について述べる。今後の予定を短くまとめる。会議に協力してくれた参加者全員に感謝の気持ちを伝える。

一番難しいのはこの段階どおりに議論を進行させることです。意見が対立したり、話が脱線したり、「よこやり」が入ったりすると議論をまとめるのに時間がかかります。こんなときはまず深呼吸し、落ち着いて行動する（強み（5））ことです。辛抱強く様子をうかがい、ここぞというときに「時間があまりないこと」を指摘して議論を正常な状態に戻すのです。

意見の調和をはかる
　会議に参加している「内向型人間」にも配慮しましょう。彼らは意見を言うまでに時間がかかったり、「外向型人間」よりも控えめだったりします。ですから進行役は彼らに発言できる場を提供する必要があります。公平な議論を行うためですが、理由は他にもあります。すでに何度も指摘したとおり、「内向型人間」は思慮深く、慎重で、安全志向が強いです。ですから「外向型人間」が見落としがちなポイントを指摘し、議論を深めることができるのです。進行役のあなたが「内向型人間」ならなおさら「内向型」の参加者をサポートすることができるはずです。

ブレインストーミングの特徴
　ブレインストーミングとは複数の人間が集まって自由にアイデアを出し合い、問題の解決法を探ったり、発想の転換をはかったりする会議でよく用いられる方法です。まずは参加者全員でアイデアを自由に出し合います。次に（第2段階）それらを吟味しながら議論を進めていきます。「外向型人間」にとってブレインストーミングはすばらしい方法です。「我先に」とみんなが競って意見を出し合うのですから、話しながら次のアイデアも考えることができる「外向型人間」は優位に決まっています！

一方、「内向型人間」はブレインストーミングが苦手です。なぜなら（ひとりで）じっくり考えてからでないとアイデアを出せないからです。アイデアがわいてきても、そのよさを確認してからでないと発言できないのです。そんなことをしている間に他の参加者たちは議論の次の段階（出し合ったアイデアを吟味する）に入ってしまいます。すると「内向型人間」はアイデアを出すことも議論に貢献することもできなくなります。それは、よくありません。「内向型人間」の意見が反映されないと、議論の質が50パーセント下がるからです。でも人間はグループでいるよりもひとりで考えるほうがいいアイデアを出せる、という意見もあります。アメリカ人作家兼交渉コンサルタントのスーザン・ケインは自著の中で「グループの生産性と創造力は個人より低い」という最新の研究結果に言及しています（2011年）。そしてこの考えをもとに発明されたのがオンライン・ブレインストーミング（オンライン上でひとりでできるブレインストーミング）です。

オンラインまたは書面上でのブレインストーミング

　つまり、ブレインストーミングはグループという大きな枠組みでなくても個人という小さな枠組みの中で行うことも可能だということです。スーザン・ケインも指摘するように個人でブレインストーミングをしたからといって結果が悪くなるということはないのです。この意味で、個人でできるオンライン・ブレインストーミングは活用できます。ですが、会議で議論されるような問題は会社や組織に関するものなので、グループという大きな枠組みでブレインストーミングを行うしかありません。とはいえ、ここでも個人が平等に思う存分アイデアを出し、納得のいく結果が出せる簡単な方法があります。会議参加者全員に数分間という時間を与え、アイデアを紙に書かせましょう。これなら「内向型人間」もひとりで考え、書くこ

とが得意という強み（9）を活かし、アイデアを出すことができます。その後にスマートボード（電子黒板）やホワイトボードやピンボードに参加者全員が書いたものを貼り出し、それを見ながらみんなで議論するのです。

会議で起こるハプニングの対処法

　会議の進行役として会議をまとめる方法はだいたいおわかりいただけたと思います。ですが、会議にはハプニングがつきものです。「内向型人間」だけでなく、ときに誰もが戸惑うような出来事が起こります。ですから会議の進行役を務めるからにはこういった不慮の出来事に対する心構えをしておかなくてはなりません。次に会議で起こりそうな典型的なハプニングをあげ、その対処法をまとめました。これを読めば問題のある会議参加者の扱い方や苦況の乗り越え方がわかります。

会議：苦況の乗り越え方
1　沈黙：誰も何も言わない
対処法：会議の方向性を確認しましょう。すでに議論した内容をまとめ、未解決の部分について質問を投げかけるのです。

2　意見の食い違い：2人以上で言い争う
対処法：具体的な問題についての意見の食い違い：進行役のあなたが落ち着いた口調で根本的にどこが食い違っているかを指摘することです。また可能なら他の参加者に彼らの意見の対立についてどう考えているか質問することです。

　意見の食い違いから両者ともに感情的になっている場合：休憩を

はさみ、会議を一時中断しましょう。その間に他の参加者がいない場所で当事者たちだけで話し合いをさせます。そうすれば、休憩後は会議を正常な状態に戻すことができます。

3　非難：参加者が進行役のあなたの態度を非難する

パウルの会議での例：会議の参加者が「先日、予算計画書は事前に配布するとおっしゃったのにいただいていませんよ！」とパウルを非難した。

対処法：相手の非難が正しい場合：「人の気持ちがわかる」という強み（10）を活かし、非難した相手の立場に立って考えましょう。そしてあなたができることを伝えるのです。

パウルの返答：パウルは非難した人に対して「すべてのデータがまだそろっていないのです。予算計画書がないとあなたが計画を立てられないことはわかっています。予算担当者には計画書を明日までに提出するよう指示しました……」と説明した。

相手の非難が正しくない場合：次の4と5を参考にしてください。

4　挑発：「権力争い」や差別や個人的な嫌悪を理由に嫌味を言う（注意：相手の能力を試すという意味ではない）。

パウルの会議での例：ある部長がパウルに「あなたのリストに書かれている課題は、とても現実的な量とは言えませんね！」と言った。

対処法：相手の挑発にのる必要はありません。消耗するだけです。

代わりに、相手の挑発を無力化するような冷静な言葉を口にしましょう。そして感情的にならずに議論を本題に戻すのです。

　パウルの返答：パウルは挑発した部長に対して「リスト上では課題が多く見えるだけです。少なくはないですが、こなせない量ではありません。4つのプロジェクトが同時進行しています。それらすべてを書き出せば、リストが長くなって当然です」と言った。

5　**攻撃：参加者が進行役のあなたに対して、もしくは参加者が他の参加者に対して攻撃的な言葉を口にする。断定的な口調で相手を酷評するが、具体性に欠ける。**

　パウルの会議での例：ある参加者が「こんな計画は、どうせまた失敗する！」と言う。

　対処法：深呼吸しましょう。攻撃的な言葉を浴びせられたら、冷静でいつづけることが大切です。攻撃する人は挑発する人よりも明確な形で「自分は強い、君は弱い」というところを見せつけようとします。つまり自分の権力を誇示しようとするのです。それでもあなたがひるむことなく堂々と振る舞えば、相手の横暴を食い止めることができます。相手の挑発にのらずに議論を元の状態に戻す努力をしましょう。

　パウルの返答：
・「何かを心配していらっしゃるようですね。それは何でしょうか？」
・「何かを心配していらっしゃるようですね。もっといいアイデアがあればおっしゃってください」

・「それはどういう意味でしょうか？」（こう言うといい言葉が見つからない場合に時間かせぎができます。いつでも応急処置的に使える便利な言葉です！）。

　次は問題のある会議参加者の扱い方についてまとめたものです。会議の進行役は不作法な行動をする人や困った性格の人をどう扱えばいいのでしょうか？

問題のある参加者の扱い方

1　饒舌な人：目立ちたがり屋の人。議論を脱線させるおそれがある。

　扱い方：饒舌な人は不満をぶちまけたり、的外れなことを言ったりしがちです。最悪の場合、話を脱線させてしまいます。ですから会議の進行役の役目は、長話をやめさせる一方で当人が述べた内容をうまく議論に取りこむことです。

　饒舌な人が話している間はうなずいたり、微笑んだりしてはいけません。タイミングをみはからって挙手し、「すみません。ここまでの話を私がまとめてもいいでしょうか？」、または「すみません、私にも一言言わせてください！」と言いましょう。もちろんそう言ったからには、きちんと発言しなくてはなりません。相手の話をまとめ、それを議題に関連づけましょう。そして「こういう意味でしょうか？」と確認を取るのです。もしくは「すみません、ここまでの話で一番大事なポイントはどこですか？」と尋ね、話を相手にまとめさせるのもいいでしょう。

2　威圧的な人：社会的地位の高さを鼻にかけている人、自信がある人。ルールを破ったり、干渉したがったりする。他人に圧力を与

えて利権を得る（会社の幹部なら自分の決定権に固執する）。ただし、こういった人の中には具体的ないい意見を出せる人もいる。

　扱い方：威圧的な人とは事前にコンタクトを取り、会議の大筋について話をしておくのがいいでしょう。会議開催前に話ができないなら、会議の休憩時間に話をしましょう。当人の意見は参考にすべきですが、会議の他の参加者の意見を聞くことも大事です。ですから、たとえば「すばらしいご意見、ありがとうございます。ではこの意見について現場の担当者のみなさんはどう思われますか？」と他の参加者にも質問を投げかけるようにしましょう。

3　攻撃的な人：他人を非難するのが好きな人。他人より優位に立ちたい人。嫌味を言ったり、言い争ったりするのが好きで、すぐに感情的になる。「内向型人間」が最も苦手なタイプ。

　扱い方：この手の人に激しく非難されたら、深呼吸をしましょう（立っているなら両足に体重をかけて）。そして冷静に「静かな」口調で返答しましょう。すると相手の気持ちも鎮まります。そこで（「挑発」、「攻撃」の項にも書いたとおり）議論を元の状態に戻すのです。攻撃的な人とは休憩時間や会議のあとに１対１で話をしましょう。人間関係の悪化だけでなく「仕返し」を防ぐことができます。たとえば「今回の議題をとても重要視されていたようですね。今日の会議の内容には満足していただけたでしょうか？」と尋ねてみるのです。

4　短気な人：怒りを自分でコントロールできない人。いきなり他人を責めたり、感情を爆発させたりする。攻撃的な人と同様に、「内向型人間」が最も苦手なタイプ。

扱い方：短気な人も攻撃的な人と同じように扱いましょう。短気な人は感情を自分でコントロールできません。ですから怒りをいったん爆発させると他人の意見に耳を傾けることができなくなります。こうなると議論はそこでストップしてしまいます。

　こういうときに会議の進行役であるあなたがすべきことは当人の「怒り」の理由を明らかにしつつ、議論を元の状態に戻すことです。まずは当人になぜ怒っているのか尋ねましょう。攻撃的な人の場合と同じように冷静に「静かな」口調で質問するのです。感情的になってはいけません。質問の中に議論に関する話題も盛りこみましょう。たとえば「いったいどうしたのですか？　この提案のどこが気にさわったのでしょうか？」、「この提案にご不満なようですが、ではあなたの提案を話していただけますか？」と聞いてみるのです。

5　悲観的な人：疑いやネガティブなことを口にするのが好きな人。不安に始終とらわれている（弱み（1））。

　悲観的な人がいることは、会議ではメリットになることもあります。提案の問題点を決定前に指摘してくれることがあるからです。それでリスクを回避できれば、それにともなう時間やお金も節約できます。その一方で、こういう人が会議に参加していると他の参加者のモチベーションが下がる可能性があります。特に参加者全員が納得しているわけではない特殊な事案について議論をしているときに、こういう人が悲観的な意見を述べると、参加者の不満が一気に増大するおそれがあります。

　扱い方：悲観的な人の心配を真剣に受けとめましょう。そしてその心配が現実に即しているかどうか考えてみます。もし即している

なら、それについて参加者全員で議論する必要があります。反対に心配がただの思いすごしに思われるなら、直接当人にどうすれば心配をなくすことができるか、その具体的な方法を尋ねましょう。すると、その人はひとまず心配するのをやめて具体的な方法について考えるようになります。でも悲観的な人は慎重なので自分の考えをすぐにまとめられません。ですから会議の進行役が当人に代わって不安の内容を適切な形で議論に取りこむという方法を取ってもいいでしょう。たとえば「今、ご指摘のあったリスクについてみなさんはどう思われますか？」と参加者全員に対して問題提起するのです。ただしここで、慎重になる必要があります。悲観的な人の不安は他の人にも伝染するからです。特に「どんなに心配してもしすぎることはない」、「不測の事態に備えて」などという言葉が悲観的な人の口から出た場合は要注意です。この手の発言はきちんとした根拠がなくても他の参加者に不安を与えます。そのせいでよい提案が拒否される可能性もあります。ですから会議の進行役であるあなたはこれらの言葉を使ってはいけません。その代わりに不安をなだめるような言葉を選んでコメントをしましょう。たとえば、「こういった変更は法律に関わることですからAさんがおっしゃるとおり慎重になったほうがよいことは確かです。しかし今回の変更に関しては法務部がすでに調査を行い、法的問題がないことを確認済みです。安心していただいて結構ですよ」と言うのです。

6　議論を妨害する人：人の話をさえぎったり、野次を飛ばしたりする人。会議中に隣の人と無駄話をする人。

　こういった人は会議の邪魔になるだけでなく、参加者のモチベーションを下げてしまいます。最悪の場合は他の参加者も同じように行動しはじめます。

扱い方：会議を妨害する人に対しては「邪魔しないで欲しい」という意志をはっきりと（しかし大げさにではなく）態度で示しましょう。たとえば、自分が話しているときに誰かが隣の人と雑談をしはじめたら、いったん話を中断し、できる限り穏やかな表情でそちらに視線を向けましょう。ほとんどの人はそこで雑談をやめます。しかし野次を飛ばす場合はこういった対応では不十分です。他の参加者の発言が妨害されないよう「発言する人には最後まで話をさせる」というルールをわからせる必要があります。たとえば「あなたもあとで発言できますから、Ａさんの提案をまず最後まで聞いてあげてください。提案は順番にしていただくことになっています。ここに順番リストがあります。あなたもここに含めましょうか？」と言うのです。会議の秩序維持も進行役の役目です。

あなたへの２つの質問

会議の進行役を務めるなら、どういった参加者、どういった状況を一番避けたいですか？

CHAPTER 9

避けられない場合はどう対処すべきでしょうか？

> **まとめ**

・会議の中にある見えざる法則を知り、そこから自分に合った議論の方法を確立していけば、「内向型人間」も堂々と会議に参加できるようになります。

・事前に会議の各段階をきちんと把握し、入念な計画を立てれば「内向型人間」も会議の進行役を務めることができます。準備さえしっかりとしていれば議論をうまくまとめることができるのです。

・会議の進行役を務めるには「苦況の乗り越え方」と「問題のある参加者の扱い方」を知る必要があります。この2つを現場でどんどん活用し、自信をつけていくことが大切です。

満ち足りた「内向型」生活に向けて

　さあ、これで読者のみなさんにも「内向型人間」はどんな人か、どうすれば他人とうまくコミュニケーションし、よりよく生きるこ

とができるかおわかりいただけたと思います。コミュニケーションの方法を今後変えていこうという気になりましたか？　読書後の感想やこれまでの経験や今後の計画を書きとめたものを私宛に送っていただければ大変うれしく思います。

　最後に、「内向型人間」を長年研究してきた私の考えの中から要点を7つ選び、まとめました。もちろん「本質的なもの」ばかりです……。

1　「内向型人間」として堂々とクールに生きましょう

快適ゾーン内で行動する
「内向型・外向型直線」のどの辺りに自分の快適ゾーンがあるかを知り、その範囲内で生活するよう心がけてください。自分が心地よいと思う刺激、つまり退屈と過剰な刺激の中間にある刺激を自覚し、人とコミュニケーションするときもなるべくそういった刺激だけを得られるよう工夫してください。すると気分よくコミュニケーションをはかれるだけでなく、あなたの精神的エネルギーを無駄づかいせずにすみます。「内向型人間」であることはあなたに与えられた特権です。この権利をもっていると密度の濃い人生を送ることができるのです。

2　自分にとってメリットになるなら、ときどき「外向型」にもなりましょう

正反対の性格になってみる
　自分の快適ゾーンを離れるのは、ここぞというときだけにしてください。メリットを得られる場合、特に精神的負担が軽減され、気

分がよくなる場合だけ「正反対」の性格になってみる、つまり「外向型人間」のように自由気ままに行動してみるのです。それは、スピーチをするとき、あるいは会議の後に同僚とお酒を飲みに行くときかもしれません。ただし適切な場所で時間を限定して、そのように行動してみてください。ストレスを感じるようなら、しないほうがいいです。

3　ときどきひとりになって充電しましょう

ひとりになれる場所と時間を見つける

　会社でも家庭でもひとりになれる場所と時間を見つけましょう。ひとり静かに時間をすごすと創造力を高めたり、エネルギーを充電したりすることができます。そのときに得られた心の落ち着きを自分と他人のために利用するのです！

4　自分の心の要求と強みを知りましょう――それらに合わせて生活すること！

自分の感覚を信じること

　くだらないことをたくさん話すより、本質的なことを簡潔に話すほうが耳を傾けてもらえます。言葉だけはきれいでも内容がない文章より、言葉は乱れていても内容がすばらしい文章の方が人の心を打ちます。ひとり静かに仕事をすると、集中でき、創造力も高まります。そのことを信じ、これから先も「内向型人間」として周囲のものや人を常に分析し、生きようとしてください。自分の心の要求と強みに常にアンテナを張って生きてください。感覚を研ぎ澄ますのです。すると自分らしい生き方ができるようになります。

5 「内向型人間」の使命を自覚しましょう

自信のある「内向型人間」になる

「内向型人間」の特性と能力を知るあなたは、他の「内向型人間」を勇気づけることができます。ですからあなたにとって大事なものは、あなたらしい方法で堂々と周囲に伝えていきましょう。そんなあなたの態度が若い「内向型人間」の励みになります。社会は「内向型人間」の深い考えを受け入れることでよくなっていきます。ですから意識的に「外向型人間」とも関わり、意見を聞いてもらうことが大事なのです！

6 「内向型人間」の力で人を引きつける

「内向型人間」の強みで人を納得させる

「内向型人間」は「外向型人間」とは別の強みを活かして人を引きつけたり、納得させたりします。それは、「慎重である」、「落ち着いている」、「辛抱強い」、「人の気持ちがわかる」という強み（1）（5）（8）（10）です。どうかこれらの強みをできるだけ活かそうとしてください。するとあなたは人間関係だけでなく、いろいろなものを手に入れることができます。

その理由はこう説明できます。強み（1）（5）（8）（10）を活かすことができる「内向型人間」はどんなことに対しても明確な目的をもって取り組みます。すると周囲から信頼され、尊敬されるようになり、よい人間関係を築くことができます。よい人間関係を築けばいろいろなものを手に入れることができるのです。

7 「外向型人間」から（とともに）学ぶ

正反対のものが世界を成り立たせている

　「内向型人間」は「外向型」のパートナーに支えられている、と第4章に書きましたが、似たような考えは哲学にも見られます。相対するものが支え合い、全体を豊かにするという思想は哲学者が自然を観察し、たどりついた考え方です。たとえば老荘思想の「陰と陽」がそうです。要するに、相対するものの間にある反発力が世界の発展を支えているということです。簡単に言うと、世界には冒険家と番人、短距離走者と長距離走者、行動家と思索家、刺激を追い求める人と安全を追い求める人の両方が必要だということです。

柔軟であるべき

　行動力を身につけ、行動範囲を広げていけば人生はより充実したものになります。「内向型人間」は「外向型人間」と同じくらい柔軟性があります。この柔軟性の幅はいくらでも広げることができます。そのためには「外向型人間」（家族、上司、同僚）をよく観察してものの見方を学び、自分の考えと行動の幅を広げていくことです。ですが常に「外向型人間」のように行動する必要はありません（2で書いたとおり）。

互いに学び合う

「外向型人間」からいったい何を学ぶというの？　あなたはそう質問したいかもしれません。私が周囲の「外向型人間」から学んだ（学ぶ）ことはいろいろあります。たとえば争いに耐えたり、忙しくても気分を変えて別のことをしたり、パーティーを思う存分楽しんだり、他人を笑わせたり、常に新しいことに挑戦したりすること。社交の場で人と話すことを楽しんだり、ものごとをゲーム感覚で処

理したり、新しいことに対して柔軟に対応したりすることなどです。

　一方、「外向型人間」も「内向型人間」からいろいろなことを学びます。休憩を大事にしたり、人の話をきちんと聞いたり、よく考えてから行動したりすること。「内向型人間」の「本質的なものを見出す」能力に感動し、考えることの奥深さなどを学ぶのです。また「外向型人間」は「内向型人間」といると受け入れられ、大事にされていると感じることができます。こうして両者の間に共感が生まれるのです。

「内向型人間」がもたらす安定

「内向型人間」が周囲にもたらすものは確実さと安定です。保守的に聞こえるかもしれません。でも「内向型人間」が安全と規律を守り、辛抱強く綿密にものごとを分析してくれるからこそ「外向型人間」が刺激を求めて危険をおかそうとしても大ごとにならずにすむのです。こう考えると、原子力業界、金融業界、食品業界、航空業界といった分野で最終的に決定を下すのは「内向型人間」であってほしいと願わずにはいられません。もちろん他の業界でも同じことです。世界は「内向型人間」を必要としています！

　さあ一歩踏み出し、影響力を発揮しましょう——静かに、そして徹底的に！

みなさんに感謝します！

　ＧＡＢＡＬ出版編集長のウテ・フロッケンハウス女史は、私が本書のアイデアを熱烈に語ると「私に任せてください！」というたった一言で出版をあっさりと許可してくださいました。私は今でもこの瞬間を忘れることができません……。

　編集者のフリーデリケ・マンスペルガー女史は頭のよさと言語感覚の鋭さ、そして行動力によって、本書の編集と出版をスムーズに進めてくださいました。

　フルール・サクラ・ヴェス博士は「内向型人間」がスピーチで発揮できる力とその使い方を身をもって私に教えてくださいました。

　クリスティーネ・ブッフホルツ博士、クリスティーネ・ヘルヴィッヒ女史、エファ・カルプハイム博士、故ウルズラ・クラインヘンツ博士、イザベル・リスベルク・ハーグ博士、ミヒャエル・マインハルト博士、マリア・パール女史、トム・ペータース氏、アンドレアス・スティックラー氏は私の質問に快く応じ、多くの経験とアイデアを語ってくださいました。

　ラルス・シェーファー氏は私が落ち着いて執筆に取り組めるよう最善を尽くしてくださいました。そのおかげで原稿を（79箇所省かなくてはなりませんでしたが）何とか完成させることができました。

夫ジョン・クルエンパース博士と我が息子は私にとって最も大切な「外向型人間」と「内向型人間」です。彼らを大事に思わない日はありません。私が本書を執筆している間、2人は私の仕事の邪魔をしないようにと毎晩、アメリカのテレビドラマシリーズ「ビッグバンセオリー」をおとなしく見ていてくれました。

付録

参考文献

Ancowitz, Nancy: Self-Promotion for Introverts. The Quiet Guide for Getting Ahead. New York: McGraw Hill 2010

Benun, Ilise: Jetzt hört ihr mal zu! Erste Hilfe für Schüchterne, Verunsicherte und Zurückhaltende. Weinheim: Wiley 2010

Cain, Susan: Still: Die Bedeutung von Introvertierten in einer lauten Welt. München: Riemann 2011（『Quiet 内向型人間の時代　社会を変える静かな人の力』、スーザン・ケイン著、古草秀子訳、講談社、2013 年）

Godin, Seth: Linchipin: Are you in Indispensable? London: Piatkus 2010

Hamer, Dean / Copeland, Peter: Das unausweichliche Erbe. Wie unser Verhalten von unseren Genen bestimmt ist. München: Scherz 1998 （『遺伝子があなたをそうさせる——喫煙からダイエットまで』、ディーン・ヘイマー、ピーター・コープランド著、吉田利子訳、草思社、2002 年）

Hansen, Hartwig: Respekt – der Schlüssel zur Partnerschaft. Stuttgart: Klett-Cotta 2008

Helgoe, Laurie: Introvert Power. Why Your Inner Life is Your Hidden Strength. Naperville: Sourcebooks 2008 （『内向的な人ほど強い』、ローリー・ヘルゴー著、向井和美訳、新潮社、2014 年）

Johnson, Debra et al.: Cerebral Blood Flow and Personality: A Positron Emission Tomography Study. In: American Journal of Psychiatry 156, 1999, S. 252-257

Jung, Carl Gustav: Typologie. München: Deutsche Taschenbuch Verlag 1921/2001

Kahnweiler, Jennifer B.: The Introverted Leader. Building on Your Quiet Strength. San Francisco: Berrett-Koehler 2009 （『心理学的類型』、C.G. ユング著、河合俊雄、吉村博次訳、中央公論新社、2012 年）

Keltner, Dacher: Born to Be Good: The Science of a Meaningful Life. New York: Norton 2009

Knaths, Marion: Spiele mit der Macht. Wie Frauen sich durchsetzen. Hamburg: Hoffmann und Campe 2007

Löhken, Sylvia: Unter Extros. Erfolgsstrategien für introvertierte Persönlichkeiten. In: Löhr, Jörg (Hrsg): Die besten Ideen für eine starke Persönlichkeit. Offenbach: GABAL 2010, S. 231-246

Löhken, Sylvia / Brugger, Norbert: Kommunale Redepraxis. Stuttgart: Kohlhammer 2010

Olsen Laney, Marti: The Introvert Advantage. How to Thrive in an Extrovert World. New York: Workman Publishing 2002 （『内向型を強みにする』、マーティ・O・レイニー、務台夏子訳、パンローリング、2013 年）

Prochnik, George: In Pursuit of Silence. Listening for Meaning in a World of Noise. New York: Doubleday 2010

Roming, Anna: Die Stillen im Lande. In: Psychologie Heute, 38. Jahrgang, Heft 1, Januar 2011, S. 20-27

Roth, Gerhard: Persönlichkeit, Entscheidung und Verhalten. Warum es so schwierig ist, sich und andere zu ändern. Stuttgart: Klett-Cotta 2007

Roth, Wolfgang: Einführung in die Psychologie C. G. Jungs. Düsseldorf: Pantmos 2003

Scheddin, Monika: Erfolgsstrategie Networking. Nürnberg: Verlag Bildung und Wissen 2005
Schmitt, Tom / Esser, Michael: Status-Spiele, Wie ich in jeder Situation die Oberhand behalte. Frankfurt: Scherz 2009
Topf, Cornelia: Endlich mal die Klappe halten: Warum Schweigen besser ist als Reden. Offenbach: GABAL 2010
Zack, Devora: Networking für Networking-Hasser. Offenbach: GABAL 2012
Zeldin, Theodore: Der Rede Wert. Wie ein gutes Gespräch Ihr Leben bereichert. München: Malik 1999

「言い争い」をテーマにした書籍

Benien, Karl: Schwierige Gespräche führen. Reinbek: Rowohlt 2003
Glasl, Friedrich: Konfliktmanagement. Ein Handbuch für Führungskräfte, Beraterinnen und Berater. Stuttgart: Verlag Freies Geistesleben 2004
Jiranek, Heinz / Edmüller, Andreas: Konfliktmanagement. Freiburg: Haufe 2007
Patterson, Kerry / Grenny, Joseph / McMillan, Ron / Switzler, Al: Heilsame Konflikte. Wien: Linde 2006

参考サイト

hsperson.com
　HSP（Highly Sensitive Person──繊細すぎる人）を研究する心理学者、エレイン・アーロン博士が管理するウェブサイト。HSP診断テストを受けることができます。HSPは「内向型人間」か「外向型人間」かに関係なく誰でも該当する可能性があります。

theatlantic.com
　同ウェブサイト上ではジャーナリスト、ジョナサン・ロウチが2003年に公表し、アメリカで大変話題になった記事「Caring for your Introvert」やその続きの「the Intoroversy Continues」（2006年4月）、及び同氏のインタビュー記事「Introverts of the World, Unite」（2006年2月）を読むことができます。

theintrovertedleaderblog.com
　「内向型人間」専門コーチのジェニファー・カーンウェイラー博士が管理する「内向型」ビジネスパーソン向けに公開されているブログサイト。

thepowerofintroverts.com
　『Quiet 内向型人間の時代　社会を変える静かな人の力』の著者、スーザン・ケイン女史のブログサイト。「内向型人間」に役立つ情報が満載です。

time.com
www.time.com/time/magazine/article/0,9171,1738494,00.html
　タイムマガジン、2008年5月8日に掲載の記事「Obama: How He Learned to Win」（マイケル・ワイスコフ執筆）。

toastmasters.org
　トーストマスターズ・インターナショナルの公式サイト。リーダーシップやスピーチのスキルをあまりお金をかけずに効率よくマスターしたいなら、同クラブの会員になることです。公式サイトには地元のクラブだけでなく、海外のクラブの情報も公開されています。出張や休暇で海外に行った際、外国の会員たちにコンタクトしてみるのもいいかもしれません。

著者紹介
シルビア・レーケン（Sylvia Löhken）

「内向型人間」が家庭と職場で自己実現するための方法を説くセミナー講師、コミュニケーションコーチ。学者として、またDAAD（ドイツ学術交流会）の幹部として国内外を問わず、政治、組織・機関運営、教育、研究、経営管理、コンサルティングに関わった経験をもつ。これらの経験を活かして「内向型」のビジネスパーソンの指導に力を入れている。ボンとベルリンの間にある町にアメリカ人の夫と一人息子と暮らしている。DAADの職員として日本ですごした3年間が人生最大の思い出。面白い本と話し相手を常に求め、新たなアイデアを現在も模索中。
www.intros-extros.com

訳者紹介
岡本朋子（おかもと・ともこ）

ドイツ語翻訳者。大阪外国語大学外国語学部地域文化学科卒業。医薬、経済分野の産業翻訳も手がける。訳書にヴェルナー・バルテンス『ありのままのあなたで健康になる19の習慣』、ベルベル・ヴァルデツキー『いつも気にしすぎてしまうあなたへ』、エファ・マリア・ツアホルスト『誰と結婚しても幸せになる法』（以上すべてサンマーク出版）、ゲルハルト・エルンスト『あなたを変える七日間の哲学教室』（早川書房）がある。

翻訳協力／リベル

校正／鷗来堂
本文デザイン／相京厚史（next door design）
カバーデザイン／大岡喜直（next door design）

内向型人間のための人生戦略大全

2014年11月29日　初　　版
2019年 3 月20日　初版第 2 刷

著者　　シルビア・レーケン
訳者　　岡本朋子
発行者　小林圭太
発行所　株式会社CCCメディアハウス
　　　　〒141-8205　東京都品川区上大崎 3 丁目 1 番 1 号
　　　　電話　03-5436-5721（販売）
　　　　　　　03-5436-5735（編集）
　　　　http://books.cccmh.co.jp
印刷・製本　豊国印刷株式会社

©Tomoko Okamoto, 2014
Printed in Japan
ISBN978-4-484-14122-0
落丁・乱丁本はお取り替えいたします。